Prof. Dr. W. Ladiges · Kaltwasserfische für Aquarium und Gartenteich

© **1976 Tetra-Verlag**
TetraWerke Dr. rer. nat. Ulrich Baensch GmbH
Postfach 1580, 4520 Melle 1, W.-Germany

Wissenschaftliche Überarbeitung der
6. Neuauflage: Barron Benno ter Höfte

Satz: Bernhard Scholten GmbH & Co., Melle
Druck: Küster-Presse-Druck, Bielefeld

6. Auflage 1990, 46 001 – 53 000

ISBN 3–89356–106–4

Prof. Dr. Werner Ladiges

Kaltwasserfische
in Aquarium und Gartenteich

INHALT

Der Goldfisch

Der japanische Zierkarpfen (Koi)

Pflege und Haltung beliebter Kaltwasserfische

Index

Anhang

VORWORT

Es ist erfreulich, daß die gegenwärtig anhaltende und sogar noch zunehmende Nostalgiewelle offenbar so etwas wie eine Selbstbesinnung auf vielen, oft sogar abseitigen Gebieten eingeleitet hat. Dazu gehört auch das neu erwachende Interesse für Kaltwasserfische, seien sie nun europäisch, aus Nordamerika stammend oder Goldfische in vielfältiger Form. Ein Engländer nannte kürzlich dieses wieder erwachende Interesse „ein Wiedergutmachen an Quelle und Ursprung der gesamten Aquarienliebhaberei".

Der gebräuchliche Begriff „Kaltwasserfisch" ist eigentlich nicht ganz zutreffend, vielmehr handelt es sich in der überwiegenden Zahl um Fische, die lediglich keiner besonderen Aquarienheizung bedürfen, aber auch nicht ausgesprochen kalte Temperaturen, etwa unter 15° C wie z. B. die Mehrzahl der Forellen und Saiblinge benötigten.

Die hier behandelten Fische sind bei normalen Wohnungstemperaturen in ihrem jährlichen Wechsel gut haltbar, ebenso wie die hier beschriebenen Gartenteichfische, diese allerdings im Winter mit Ausnahmen.

Alles was sonst noch zu beachten ist, wird in diesem Büchlein zusammengestellt, denn in den langen Jahren, in denen diese Arten zugunsten der Tropenkinder vergessen waren, ist so manches an Erfahrungsschatz verloren gegangen. Problemlos in der Haltung sind diese Fische nämlich nicht in allen Fällen.

Herrn Gerhard Brünner danke ich für seinen Pflanzenbeitrag mit vielen Bildern.

Die im Anhang gebrachte Tabelle über Fütterung und Haltung der angeführten Fische stammt von Herrn Hans Baensch. Für seine besonderen Bemühungen um dieses Büchlein danke ich ihm herzlich.

Juli 1976   PROF. DR. WERNER LADIGES †

6

Vorwort zur 4. Auflage 1986

In den letzten Jahren haben Kaltwasserfische an Beliebtheit gewonnen. Das Interesse an ihnen ist nicht zuletzt durch die starke Zunahme von Gartenteichen mit ihren interessanten Fischen gewachsen. Aquarianer haben dieses schöne Hobby wieder entdeckt.

Der Autor dieses Buches, Herr Professor Werner Ladiges, ist 1984 verstorben. Viel zu früh für all diejenigen, die ihn kannten und sein großes Fachwissen, sein Engagement für die Aquaristik und seine stetige Hilfsbereitschaft schätzen gelernt haben. Sein Buch, das vom Tetra-Verlag erstmals 1976 veröffentlicht wurde, ist überarbeitet und aktualisiert worden und dient als praktischer Leitfaden vor allem den jungen Aquarianern und denjenigen, die in der Kaltwasseraquaristik und am Gartenteich Freude und Befriedigung finden.

Januar 1986   KARL-HEINZ WIESER

Vorwort zur 6. überarbeiteten Auflage

Nicht nur der Wunsch einer attraktiven Gartengestaltung, sondern das wachsende ökologische Bewußtsein und natürlich die Faszination des vielfältigen Lebens an und in einem Teich, lassen die Zahl der Gartenteichbesitzer ständig anwachsen.

In gleichem Maße steigt auch die Begeisterung, im Teich und zunehmend auch im Aquarium Kaltwasserfische zu halten, die ihren tropischen Verwandten in Aussehen und interessanten Verhaltensweisen keineswegs nachstehen. Vor allen die fantastisch geformten und gefärbten Goldfische und Koi, aber auch die einheimischen Kleinfische stehen seit Jahren in der Beliebtheitsskala ganz oben.

Das vorliegende Buch wurde vollständig überarbeitet und erweitert. Dieser praktische Ratgeber bietet allen Aquarianern und Teichbesitzern, auch denen die es werden wollen, eine Fülle wissenswerter Informationen über dieses naturnahe Hobby.

Juli 1990   B. B. TER HÖFTE

EINLEITUNG

Sehr lange gehörten Kaltwasserfische zu den „Stiefkindern" in der Aquaristik. Nur sehr wenige Liebhaber pflegten besondere Goldfisch- oder Koirassen oder einheimische Fischarten in Aquarien und Gartenteichen.

Die große Zahl der vom Zoo-Fachhandel angebotenen tropischen Zierfische hatte den sogenannten Kaltwasserfischen auf den ersten Blick eines voraus: fast alle besitzen Eigenschaften, die sie als Haustiere attraktiver und geeigneter erscheinen lassen, als die Mehrzahl der Kaltwasserfische, vor allem der einheimischen Arten. Bis auf eine kleine Artenzahl sind diese ausgewachsen für ein Aquarium zu groß und stehen im Ruf, weniger farbenprächtig und im Verhalten uninteressanter zu sein. Hinzu kommt, daß sie trotz der eingesparten Heizung keinesfalls weniger Ansprüche stellen als tropische Zierfische, sondern im Gegenteil oft anspruchsvoller und problematischer als diese sind.

Seit einigen Jahren rücken Kaltwasserfische, so die verschiedenen Formen der Goldfische und Zierkarpfen sowie viele einheimische Fischarten, jedoch wieder in den Mittelpunkt aquaristischen Interesses. Die Zahl der Gartenteichbesitzer vergrößert sich von Jahr zu Jahr. Die zu den ersten, aus reiner Liebhaberei gehaltenen Haustiere gehörenden Goldfische und Koi stehen in der Beliebtheitsskala unter den Zierfischen wieder an vorderster Stelle. Das wachsende ökologische Bewußtsein und der Natur- und Artenschutz haben angesichts des oft bedauernswerten Zustandes vieler Gewässer die zwischenzeitlich fast vergessenen einheimischen Kleinfische, früher vielfach als „Fischunkraut" bezeichnet, erst bekannt gemacht und gezeigt, wie faszinierend es sein kann, auch diese Fischarten im Teich oder Aquarium zu halten und zu beobachten.

In diesem Buch werden praxisgerechte Hinweise und Anregungen zur Einrichtung eines Kaltwasseraquariums und Gartenteiches gegeben. Neben der Beschreibung vieler Fisch- und Pflanzenarten werden im Besonderen die vielen Goldfisch- und Zierkarpfenrassen vorgestellt und die historische Entwicklung der Zucht dieser farbenfrohen und formenreichen Fische aufgezeigt.

DAS KALTWASSERAQUARIUM

Einrichtung und Besatz

Das Zimmeraquarium für Kaltwasserfische ist in Technik und Konstruktion nicht anders als das für tropische Zierfische. Rahmenaquarien sind ebenso geeignet wie die geklebten Ganzglasaquarien oder auch die leider gegen Zerkratzen empflindlichen Plexiglasaquarien. Beachtet werden muß nur die Größe, denn die Mehrzahl der Kaltwasserfische wird wesentlich größer als die meisten tropischen „Zwerge". Wenn man nicht gerade Zwergstichlinge halten will, sollte das Aquarium nicht unter einem Meter lang, am besten noch größer sein. Bedenken Sie auch, daß kleine Aquarien verhältnismäßig mehr Aufwand an Pflege und Wartungsarbeiten als größere benötigen.

> Die Berechnung des Aquarieninhaltes ist ganz einfach:
> Man multipliziert Länge x Breite x Höhe in cm und teilt durch 1000, dann hat man den Literinhalt.

Bitte beachten Sie, daß die Stärke der Glasscheiben, der Bodengrund und die Steine die Wassermenge vermindern. Für die Ermittlung des Fischbesatzes und auch für die Zugabe von Heilmitteln ist die genaue Wassermenge wichtig.

Die Höhe eines Aquariums ist nur bei den amerikanischen Barschen wichtig, da diese mit ihrer schönen Beflossung in Aquarien mit über 40 cm Höhe erst richtig zur Geltung kommen. Man kann sonst die Höhe ebenso wie die Tiefe je nach der gewünschten Inneneinrichtung und vor allem den Ansprüchen der Fischarten entsprechend variieren. Das einem Bachlauf mit stärkerer Strömung nachgebildete Aquarium wird eher schmal und langgestreckt sein, eines für ruhigere Bodenfische aus einem Weiher oder Teich dagegen tiefer mit einem höheren Wasserstand.

Wichtig ist der Standort des Aquariums. Bedenken Sie bei der Planung das enorme Gewicht großer Aquarien, ein 300-L-Aquarium kann zum Beispiel mit Inneneinrichtung und Unterschrank bis 500 kg wiegen.

Das Aquarium sollte nicht vor einem nach Süden oder Westen gerichteten Fen-

Verschiedene Schleierschwanz-Zuchtformen im Kaltwasseraquarium ▶

ster und auch nicht in der Nähe eines Heizkörpers oder Ofens Aufstellung finden. Kaltwasserfische müssen vor zu starker Erwärmung des Wassers (über 22° C) geschützt werden.

Bei der Besetzung des Aquariums mit friedlichen Fischen merke man sich als Faustregel:
Karpfenfische =
1 cm Fisch je drei Liter Wasser,
andere Fische =
1 cm Fisch je fünf Liter Wasser
(für tropische Fische gelten andere Regeln)

Ein dicht besetztes Aquarium erfordert weiterhin einen größeren Pflegeaufwand, leistungsfähigere Filteranlagen und eventuell eine zusätzliche Belüftung. Bedenken Sie auch, daß ein dichter Fischbesatz zu verstärktem, sozialen Streß führt, das natürliche Verhalten beeinträchtigt und die Fische anfälliger für Infektionskrankheiten macht. Man beachte jedoch, daß die höchstens halbwüchsig gekauften Fische schnell wachsen, der zur Verfügung stehende Wasserraum jedoch nicht „mitwächst".

Technische Hilfsmittel

Filter
Ein leistungsfähiger Innen- oder Außenfilter ist eine Grundvoraussetzung für jedes Aquarium. Das gilt besonders, wenn einheimische Kleinfische oder Goldfisch-Zuchtformen gehalten werden, die gegen verschmutztes oder belastetes Wasser besonders empfindlich sind.

Der Filter erfüllt zwei Aufgaben – zum einen die mechanische Abfilterung von Trübstoffen und, als wichtigste Funktion, die biologische Filterung.

Biologische Filterung bedeutet den Abbau des giftigen Ammoniaks, ein Ausscheidungsprodukt der Fische und anderer wasserlebender Organismen, über Nitrit in verhältnismäßig ungiftiges Nitrat. Diese „Arbeit" wird von Bakterien übernommen, die das Filtersubstrat besiedeln.

Durch den im Abstand von 2 – 3 Wochen regelmäßig durchzuführenden Wasserwechsel werden überschüssiges Nitrat

Die pflegeleichten Schaumstoff-Filter von Tetra sind für Kaltwasser-Aquarien gut geeignet.

Die große Oberfläche gewährleistet eine gute Filterung.

und andere sich anreichernde Wasserinhaltsstoffe entfernt.

Als Innenfilter ist der pflegeleichte Tetra Brillant-Filter für kleinere Aquarien (50 – 100 Liter Wasserinhalt) besonders geeignet, für größere Aquarien verwendet man einen Hochleistungsfilter, wie etwa den Tetra Brillant Super.

Sollte man einen Kreiselpumpen-Außenfilter verwenden, so erübrigt sich die Luftpumpe, sofern man keinen Ausströmer einschalten will. An warmen Tagen, an welchen die Wassertemperatur über 22° C auch im ungeheizten Aquarium ansteigen kann, nimmt der Sauerstoffgehalt im Wasser ab, denn warmes Wasser kann weniger Sauerstoff binden als kaltes. Zudem benötigen die Fische aufgrund der erhöhten Stoffwechseltätigkeit selbst mehr Sauerstoff. Das Auslaufrohr des Außenfilters muß dann so auf die Wasseroberfläche gerichtet sein, daß diese stark zirkuliert, um den Gasaustausch zu erleichtern. Ein regelmäßiges Auswaschen der Filtermasse im Innen- und Außenfilter ist gerade an solch warmen Tagen wichtig, denn alte,

verschmutzte Filtermaterialien wirken stark sauerstoffzehrend.

Leiden die Fische an Atemnot, man sieht dies besonders – wenn sie an der Oberfläche „japsen" und wenn sich die Kiemen und das Maul beim Atmen schneller als normal bewegen – dann ist es höchste Zeit, für Abhilfe zu sorgen:

1. $\frac{1}{3}$ Wasserwechsel, dabei Tetra AquaSafe nicht vergessen
2. Filter säubern
3. Bodengrund absaugen
4. Durchlüfter und Filter stärker einstellen
5. Temperatur-Kontrolle

Luftpumpe

Die Anschaffung eines zuverlässigen, guten Durchlüfters ist immer lohnend, denn eine gleichbleibend hohe Leistung kommt den Fischen zugute. Mit einer guten Luftpumpe, z. B. der Tetra Prestige Luftpumpe 500, kann man neben dem Filter auch einen Ausströmerstein betreiben. Die Pumpe muß über dem Wasserspiegel aufgehängt werden, sonst kann bei Stromausfall Wasser in das Gehäuse laufen.

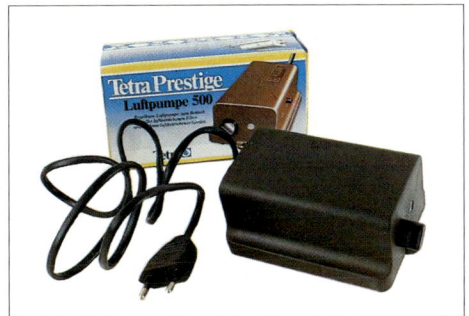

TetraPrestige Luftpumpe

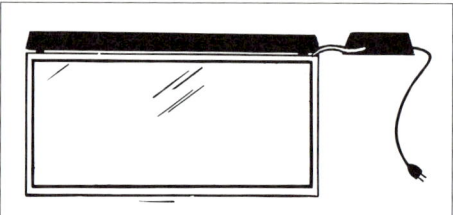

Die Luftpumpe sollte möglichst über dem Wasserspiegel angebracht werden.

Thermometer

Zur Überwachung der Temperatur bitte ein geprüftes Thermometer wählen, z. B. das von Tetra mit Prüfgarantie (Abweichung ± 1° C).

> Temperatur-Regel
> Die Temperatur im Kaltwasseraquarium sollte möglichst nicht über 20° C steigen – bei Goldfischen evtl. bis auf 24° C.

Fischfangnetz

Von Zeit zu Zeit wird man Fische aus dem Aquarium herausfangen wollen. Hierzu benötigt man ein Netz; Fischfangnetze sind in verschiedenen Abmessungen für große und kleine Aquarien erhältlich. Am leichtesten fängt man Fische mit zwei Netzen. Ein größeres Netz wird still in einer Ecke bereitgehalten, mit dem kleineren treibt man den Fisch in das größere.

Für Gartenteiche benötigt man größere, lang gestielte Netze oder praktischer ein kleines Senknetz, wie es Anglerbedarfsgeschäfte führen.

Bodengrund

Ein gesunder, üppiger Pflanzenwuchs ist abhängig von der Beschaffenheit des Bodengrundes. Geeigneten, kalkfreien Kies hält Ihr Zoohändler in verschiedenen Körnungsgrößen bereit. Ungeeignet und schädlich sind feiner Bausand, Marmorkies oder sehr helle Materialien.

Oben und links geeigneter Aquariengrund, unten und rechts weniger geeignetes Material.

TetraFangfix-Netz

14

Wichtige Punkte für die Einrichtung des Aquariums

1. Reinigen des Aquariums und des Zubehörs

Aquarium und Zubehör gründlich mit warmem Wasser spülen. Die Dekorationsmittel werden unter fließendem Wasser mit einer Bürste gereinigt. Den Kies zweckmäßigerweise in einen Eimer oder eine Schüssel füllen und ihn dort unter ständigem Rühren und Wasserabgießen so lange waschen, bis das Wasser klar und frei von allen Verunreinigungen bleibt. Auf keinen Fall Waschmittel verwenden!

Der Platz für das Aquarium sollte gerade und erschütterungsfrei sein. Eine Styroporplatte ist z. B. dazu gut geeignet.

2. Einschichten des Bodengrundes

Dann den Kies etwa 4 bis 8 cm hoch auf den Boden des Aquariums schichten, hinten höher als vorne. Das gibt ein besseres Bild, und die Pflanzen, die hauptsächlich im hinteren Teil ihren Platz finden, erhalten mehr Wurzelraum.

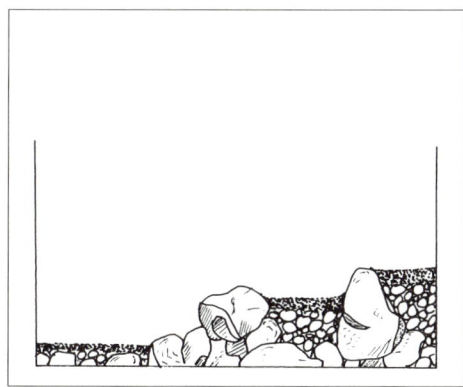

Seitenansicht der Kiesschichtung

Für einen guten Pflanzenwuchs wird Kies und Initial D-Dünger vorsichtig in das Aquarium eingefüllt.

3. Einbau des Filters und der Dekoration

Den Innen- oder Außenfilter anbringen und ihn mit dem vorgeschriebenen Filtermaterial füllen. Stellen Sie dann mittels eines Luftschlauches die Verbindung vom Filter zur Pumpe her. Das Thermometer wird unauffällig so angebracht, daß es gut ablesbar ist.

Das Dekorationsmaterial so aufbauen, daß damit der Innenfilter verdeckt wird. Terrassen werden nach hinten ansteigend aufgebaut und Zwischenräume mit Kies aufgefüllt.

4. Erste Wassereinfüllung

Das Aquarium bis zur Hälfte mit Wasser auffüllen. Vermeiden Sie dabei ein Aufwühlen des Bodengrundes, indem Sie das Wasser auf einen Teller oder in die hohle Hand gießen.

Durch Zugabe eines Wasseraufbereitungsmittels erhalten Sie biologisch aufbereitetes, fischgerechtes Aquariumwasser. Tetra AquaSafe neutralisiert Chlor, bindet Schwermetalle und bietet einen wirksamen Schutz für die Scheimhaut der Fische.

5. Bepflanzung

Angeknickte oder verfaulte Blätter entfernen und die Wurzeln bis auf eine Länge von ca. 3–4 cm kürzen. Pflanzen gleicher Art werden am besten in einer Gruppe gepflanzt; wahllos einzeln im Aquarium verteilt, kommen sie nie recht zur Geltung. Die Pflanzen auch entsprechend ihren Licht- und Platzansprüchen gruppieren. So kommen hochwachsende Exemplare an die Rück- und Seitenwände des Aquariums und niedrigere Arten in den

Mittel- und Vordergrund. Die Pflanzen werden so tief im Bodengrund verankert, daß der Wurzelhals noch sichtbar bleibt. Sofern die Pflanzen immer wieder „hoch" schwimmen, befestigt man sie im Boden mittels Pflanzennadeln oder beschwert sie mit geeigneten Steinen (beides ist im Fachhandel erhältlich).

6. Auffüllen des Wassers

Sobald alle Pflanzen ihren Platz gefunden haben, das Aquarium so weit mit Wasser auffüllen, bis der Wasserspiegel hinter dem oberen Rahmen gerade verschwunden ist. Ganzglasaquarien werden bis 2 – 3 cm unterhalb der Glasoberkante gefüllt. Bei diesem Vorgang wiederum darauf achten, daß ein Aufwühlen des Bodengrundes vermieden wird.

7. Inbetriebnahme des Filters

Die Luftpumpe mit dem Stromnetz verbinden. Falls ein luftbetriebener Innenfilter unter starken Geräuschen wenig Wasser, jedoch große Luftblasen fördert, muß die Luftzufuhr gedrosselt werden. Bei motorgetriebenen Außenfiltern muß die Funktion sowie die Dichtheit aller Schlauchverbindungen überprüft werden.

8. Überprüfung
der Wassertemperatur

Täglich wird einmal die Temperatur überwacht: 16 – 20° C sind für die allermeisten Kaltwasserfische richtig.

9. Abdeckung des Aquariums

Letzter Arbeitsgang ist das Auflegen der Abdeckscheibe und der Beleuchtung; danach letztere einschalten und sie zwischen 10 und 14 Stunden täglich brennen lassen.

In kühlen Räumen ist auch für ein Kaltwasser-Aquarium ein Regelheizer sinnvoll.

10. Einsetzen der Fische

Der Transportbeutel wird ca. 15 Minuten zum Temperaturausgleich in das Aquarium oder Quarantäneaquarium gelegt. Danach wird das Transportwasser nach und nach durch Aquarienwasser ausgetauscht, um die Fische langsam an die unterschiedliche Wasserqualität zu gewöhnen. Nach etwa einer 1/2 Stunde können die Fische dann umgesetzt werden. Bedenken Sie, daß das Filtersystem ca. 2 – 4 Wochen Einlaufzeit benötigt. Das bedeutet, daß nicht alle Fische sofort nach der Neueinrichtung eingesetzt werden sollten, um Probleme mit der Wasserqualität zu vermeiden.

11. Erste Fütterung und Kontrolle

Mit der ersten Fütterung wartet man am besten, bis die Fische ohne Scheu munter im Aquarium umherschwimmen. Sofern sie sich in eine Ecke drücken oder farblos am Boden „stehen", ist möglicherweise etwas noch nicht in Ordnung:

> Stimmt die Temperatur?
> War das Wasser zu frisch? (Wenn Tetra AquaSafe zugegeben wurde, kann es nicht der Fall sein).
> Sind die Fische gesund?
> Sind die Wasserwerte in Ordnung? Überprüfen Sie in den ersten Wochen besonders die Ammoniak- und Nitrit-Konzentrationen.

Den Fischen zuliebe sollte man in den ersten paar Wochen sparsam füttern, um das noch nicht eingefahrene Filtersystem nicht zu überlasten. Zweimalige Fütterung am Tag ist daher ausreichend. Man gibt so viel in Portionen, wie die Fische restlos in ein bis zwei Minuten verzehren. Nach drei bis vier Wochen ist das Aquarium biologisch „eingefahren" und man kann auf normale Fütterung drei- bis viermal täglich übergehen. Das Filtersubstrat ist von Bakterien besiedelt, die die Ausscheidungsprodukte aus dem Eiweißstoffwechsel der Fische abbauen, und die Wasserpflanzen sind angewachsen.

Wenn Sie sich Zeit für die Fütterung nehmen, werden die Fische meist bald sehr zutraulich. Überprüfen Sie regelmäßig die technischen Installationen sowie die Wasserwerte. Bei der Fütterung sollten die Fische aufmerksam beobachtet werden, um Krankheitssymptome oder Anzeichen allgemeinen Unwohlseins frühzeitig zu erkennen.

> Die Art des Futters den Eigenarten und der Lebensweise der gehaltenen Fische entsprechend auswählen.
>
> Flocken- und auch Lebendfutter nur soviel füttern, wie in ein bis zwei Minuten gefressen wird.
>
> Flockenfutter oder Sticks stets sorgfältig und in kleinen Portionen füttern, nicht einfach aus der Dose ins Wasser schütten.
>
> Freßlust der Fische beobachten, danach im Aquarium oder Gartenteich je nach Jahreszeit und Wassertemperatur die Futtermenge festlegen.
>
> Verfüttern Sie nur Qualitäts-Markenfutter, für Ihre Fische sollte das Beste gerade gut genug sein.

Zwei Vorschläge für naturgerechte Aquarieneinrichtung

Es sollen hier zwei Schemata für die Einrichtung von Kaltwasseraquarien beschrieben werden, da sich in dieser nicht sehr aufwendigen Einrichtungsgestaltung die Mehrzahl der beschriebenen Arten gut halten läßt.

1. Eine ganze Anzahl von Fischarten, besonders die Karpfenfische einschließlich der Goldfische, hat die Angewohnheit, den Boden nach Insektenlarven oder anderer, verwertbarer Nahrung zu durchwühlen. Das Resultat ist, daß eine Bepflanzung in solchen Aquarien kaum haltbar ist. Da man aber anderseits um der Bepflanzung willen den Fischen keine ihrer natürlichen Lebensweise völlig widersprechende Einrichtung aufzwingen möchte, kann man das Problem in folgender Weise einfach lösen. Diese Einrichtung hat zudem den Vorteil, daß sie auch für andere hier nicht aufgezählte einheimische Fische, die man vielleicht einmal irgendwann erhält, verwendet werden kann.

Das Aquarium, nicht unter einem Meter lang, wird am Boden in ganzer Länge durch passend zugeschnittenes Moorkienholz, flache Steine oder auch Kunststoffplatten (die natürlich durch Dekorationsmaterial verdeckt werden sollten) in

Moderlieschen *(Leucaspius delineatus)*

zwei oder mehrere Abschnitte unterteilt. Die Begrenzungen werden am besten mit Silikon (Vorsicht, nicht jedes Silikon ist zur Verwendung im Aquarium geeignet!) sorgfältig befestigt und gründlich abgespült. Die Höhe dieser „Trennwände" richtet sich nach den Einrichtungs- und Gestaltungswünschen. Der hintere Teil des Aquariums wird dann mit Bodengrund für die Bepflanzung aufgefüllt. Gewaschener, feiner Kies hat sich dafür immer noch bestens bewährt, doch sind gute Bodengrunddünger als Beimengungen durchaus angebracht. Als Bepflanzung eignen sich Sämlinge oder junge abgeschnittene Frühjahrstriebe (diese nur bedingt) der gelben Teichrose (Nuphar) besonders gut, dazwischen kann man als dekoratives Element weiteres Moorkienholz oder hochwachsende Wasserpflanzen, wie z. B. Vallisnerien, einsetzen. Um den Fischen das Wühlen in diesem Teil unmöglich zu machen, wird die ganze Oberfläche dicht an dicht mit groben Kieseln belegt. In diesem hinteren Teil kann auch eventuell ein Innenfilter eingebaut werden. Der vordere Teil wird mit sehr gut gewaschenem Kies etwa 3 – 8 cm hoch aufgefüllt und bleibt ohne Bepflanzung. Hier können die Fische nach Herzenslust gründeln. Achten Sie jedoch darauf, daß der Kies möglichst keine scharfkantigen Steine enthält. Gesteinssplitt ist für gründelnde Fische als Bodensubstrat ungeeignet. Einige Fische lieben auch sandige Bereiche. Durch die Begrenzungen wird eine Vermischung von Sand und Kies verhindert, die sonst zu ei-

Die Einrichtung dieses Aquariums mit Elritzen ▶ **(Phoxinus phoxinus) ist einem Bachlauf nachgebildet.**

ner Verdichtung führen würde, die gesundes Pflanzenwachstum verhindert. Säubern Sie solche Sandzonen jedoch regelmäßig, um Fäulnisprozesse zu verhindern.

2. Ein moosiger Bachgrund im waldreichen Mittelgebirge mag in etwa als Entwurf für ein Uferaquarium dienen. Der Natur entsprechend benötigt man viele verschiedene Steine, um einen Bachlauf realistisch nachzugestalten. Achten Sie darauf, möglichst nur Steine zu verwenden, die frei von Mineraleinschlüssen sind, da diese mit der Zeit die Wasserqualität für die Fische ungünstig beeinflussen können.

Die gründlich gesäuberten Steine werden in das Aquarium eingesetzt und mit Silikon fest verklebt und zwar so, daß sie übereinandergetürmt den Hintergrund ausfüllen, dabei aber Nischen und Einstände freibleiben. Ein solches Aquarium muß bei 1,20 m Länge gut 60 cm Tiefe haben, damit der Hintergrund nicht zuviel Wasserraum wegnimmt. Genau wie im Bachlauf werden Steine auch über die ganze Bodenfläche verteilt.

Besonders wichtig ist es, unter alle Steine und Steinaufbauten Kunststoffplatten zu legen, um ein Anstoßen an das Glas zu vermeiden und den Druck auf die Bodenplatte gleichmäßiger zu verteilen.

Die flachen Steine werden so gesetzt, daß sie die Unterlage für Pflanzenpolster bilden können. Als Bepflanzung des Wasserteiles bieten sich einige Quellmoosbüschel an, die auf Steinen oder Holz festwachsen. Die vom Wasser noch eben bespülten Steinplatten und die Nischen

zwischen den Steinen in Wasserspiegelhöhe werden mit Polstern von Lebermoosen und anderen dem vorgenannten Biotop entstammenden Moosen belegt, auch kleine Farne lassen sich dort ansiedeln. Es versteht sich von selbst, daß in einem derartigen Aquarium eine kräftige Strömung vorhanden sein muß, die durch Motorpumpen erzeugt wird.

Goldorfen *(Leuciscus idus)*

Wichtig ist der Einbau eines sehr starken sprudelnden Ausströmers (der Filterauslauf genügt hierfür meist nicht), da ja ein fließender Bachlauf mit sehr sauerstoffreichem Wasser dargestellt wird und diesem auch die Fische entstammen sollen. Als Besatz kommen z. B. in Frage: Ein Schwarm Elritzen *(Phoxinus phoxinus)*, Schneider *(Alburnoides bipunctatus)*, Schmerlen *(Noemacheilus barbatulus)* oder Koppen *(Cottus gobio)*. Auch einige Flußkrebsarten sind, wenn die Strömung nicht zu stark ist, für ein derartiges Aquarium geeignet.

Beachten Sie, daß viele Arten geschützt sind und keinesfalls aus Gewässern entnommen werden dürfen!

Die laufende Pflege des Aquariums

Das häufigste Vorurteil gegen ein Aquarium besagt, daß es großen Arbeitsaufwand und unangenehme Wasserpanscherei verursache. Tatsächlich ist jedoch die Zeit, die für die laufende Pflege eines Aquariums benötigt wird, äußerst gering.

Eingriffe dürfen nur korrigierend durchgeführt werden. Jedes überflüssige Hantieren im Aquarium stört Fische und Pflanzen!

Eine sorgfältige Planung und artgerechte Haltung der Fische unter Vermeidung von Überbesatz und bei vernünftiger Fütterung lassen Probleme, die nur mit großem Arbeitsaufwand beseitig werden können, gar nicht erst aufkommen.

Alle 2- bis 3 Wochen sollte ein Wasserwechsel erfolgen, bei dem auch allgemeine Reinigungsarbeiten durchgeführt werden können.

Reinigung und Wasserwechsel

1. Elektrische Geräte abstellen (Netzstecker ziehen).

2. Algen von der Frontscheibe und den Seitenscheiben des Aquariums entfernen. Der Rapid-Scheibenreiniger von Tetra leistet hierbei gute Dienste.

3. Mulmreste und die abgeschabten Algen die sich auf dem Bodengrund angesammelt haben, werden mit dem Tetra Bodenreiniger oder einem Schlauch abgesaugt. Die Entfernung dieser Abfälle ist äußerst wichtig, da diese sich sauerstoffzehrend und schädlich auf die Wasserbeschaffenheit auswirken.

Tetra Bodenreiniger für die regelmäßige Aquariumpflege.

4. Alle 2 – 3 Wochen sollte ca. 1/3 des Aquariumwassers mit einem Schlauch abgesaugt werden. Um Wasserpanscherei zu vermeiden, wird der Eimer in eine größere Schüssel gestellt.

5. Sofern notwendig können jetzt Pflegemaßnahmen an den Wasserpflanzen wie Rückschnitt, Ausdünnen, Neubepflanzung oder Düngung mit Düngertabletten durchgeführt werden.

Klares Wasser und sauberer Bodengrund sind Voraussetzungen für gesunde Fische.

6. Nur bei starker Verschmutzung die Filtermasse bzw. die Schaumstoffpatrone des Tetra Brillant-Filters durch kräftiges Ausdrücken reinigen. Verwenden Sie dabei am besten das vorher abgesaugte Aquarienwasser, da durch zu heißes oder kaltes Leitungswasser die Filterbakterien geschädigt oder abgetötet werden.

7. Das abgesaugte Wasser wird durch frisches Wasser aus der Leitung ersetzt.

8. Vor dem Einfüllen ins Aquarium wird Tetra AquaSafe zugesetzt, um Schädigungen von Fischen und Pflanzen zu vermeiden.

9. Aquariumfilter wieder einschalten.

10. Lediglich Lampe, Deckscheibe und die Sichtscheiben von außen müssen jetzt noch gereinigt werden. Eine mit Kalk verkrustete Deckscheibe reinigt man mit Klingenreiniger und einem Lappen, den man notfalls mit verdünntem Essig befeuchtet. Sichtscheiben werden zuletzt von außen mit einem Leder blank geputzt.

27

Schnecken

Früher oder später werden sich im Aquarium ungebetene Gäste einfinden, nämlich ganz bestimmte Schneckenarten. Diese werden mit Pflanzen oder, falls man einmal Lebendfutter füttert, auch damit eingeschleppt. Meist sind es dann die unerwünschten Spitzschlammschnecken, die sich im Aquarium schnell vermehren und selbst über Pflanzenblätter herfallen.

Durch lebende Pflanzen schleppt man auch leicht die roten Posthornschnecken ein, die in geringerer Anzahl harmlos sind, aber bei reichlicher Fütterung auch überhandnehmen können und sich dann ebenfalls an Pflanzen vergreifen. Auf leichte Weise kann man ein Zuviel an Schnecken aus dem Becken entfernen, indem man nach Abschalten der Beleuchtung abends 3 – 5 Tetra TabiMin-Tabletten auf eine mit dem Boden nach oben liegenden Untertasse wirft. Die Schnecken scharen sich während der nächsten 1 – 2 Stunden haufenweise um die Tabletten, und man kann sie nach Einschalten der Beleuchtung leicht mit dem Netz oder einfach mit der Untertasse herausnehmen.

Als wirkungsvolles Mittel zur Schneckenbekämpfung im Aquarium oder Gartenteich wird Limnacid® von Zoomedica Frickhinger empfohlen.

Sumpfdeckelschnecken *(Viviparus viviparus)*   **Posthornschnecke** *(Planorbarius corneus)* ◗

Spitzhornschnecke *(Lymnaea stagnalis)*

Algen

Algen sind im Aquarium meist lästig und unerwünscht, lassen sich aber durch Veränderung der Beleuchtung und Wasserqualität oder auch durch chemische Mittel wirksam bekämpfen.

Bedenken Sie, daß ein übermäßiges Algenwachstum immer nur dann auftritt, wenn sich die Wasserqualität verschlechtert (Überdüngung) und/oder die Beleuchtung unpassend ist!

Beispielsweise können Tetra Algetten für das Aquarium zur Vorbeugung und Langzeitbekämpfung von Algen eingesetzt werden. Für akute Fälle, sozusagen als Notbremse, wird Tetra Algizit verwendet.

Die Algenbekämpfung im Gartenteich ist schwieriger als im Aquarium, da das Licht hier grenzenlos und unregulierbar zur Verfügung steht. Wir haben lediglich das Nährstoffangebot im Teich selbst in der Hand. Man hüte sich deshalb vor einem zu nährstoffreichen Bodengrund im Uferteil und erst recht im Teich selbst. Die „Wasserblüte", eine kurzfristige Algen-Massenentwicklung, die im Gartenteich besonders im Frühjahr auftritt, ist nicht tragisch und geht meist nach einigen Wochen von selbst zurück.

Wenn gelegentlich die Kleine Wasserlinse *(Lemna minor)* als „Algenbekämpfungsmittel" für Gartenteiche empfohlen wird, so mag das vom erzielten Effekt her vielleicht seine Berechtigung haben. Doch hieße es, das eine Übel durch ein anderes zu ersetzen. Findet die Kleine Wasserlinse geeignete Lebensbedingungen – und das ist in nährstoffreicherem Wasser meist der Fall – dann vermehrt sie sich derart reichlich, daß innerhalb kürzester Zeit kaum etwas von der freien Wasseroberfläche übrigbleibt.

Regelmäßiges Abfischen mit einem engen Netz ist dann das einzige, was einem an Bekämpfungsmaßnahmen verbleibt.

Doch ist das oft wenig genug, da zwischen Uferpflanzen meist genügend Exemplare bleiben, die dann recht schnell durch Massenvermehrung wieder lästig werden und das freie Wasser erneut bedecken.

Andere schnellwachsende Wasserpflanzen, wie Wasserpest *(Elodea spec.)*, Hornkraut *(Ceratophyllum spec.)* oder auch Froschbiß *(Hydrocharis morsus ranae)*, als Nahrungskonkurrenten der Algen sind dagegen im Wachstum leicht zu kontrollieren und zur „biologischen Algenbekämpfung" gut geeignet.

◄ **Algenblüte**

Eine Massenvermehrung von Algen tritt besonders häufig im Frühjahr auf.

DER GARTENTEICH

Anlage und Gestaltung

In Japan hat der Teich mit Zierfischen eine lange Tradition (s. Kapitel „Asiatische Kaltwasserfische"), die weit über 2000 Jahre zurückreicht. Auch in England erfreuen sich kleine Gartenteiche schon lange großer Beliebtheit.

Die Zahl der Gartenteich-Freunde nimmt bei uns immer mehr zu. Die letz-ten Jahre zeigen eine rapide Entwicklung zu diesem schönen Hobby. Allerdings ist für den Anfänger wichtig, sich vorher über Anlage und Pflege zu informieren, denn nur ein möglichst naturnaher Bau gibt Gewähr für die Schaffung eines öko-logisch intakten Lebensraumes für Pflanzen und Fische. Stellvertretend für die vielen Publikationen auf dem deutschen Markt seien hier nur die Titel „Mein

Gartenteich", „Der neue Gartenteich" und „Koi" erwähnt.

Hier sollen lediglich die sich heute anbietenden Möglichkeiten für einen solchen Teich aufgezählt und einige beachtenswerte Fingerzeige beim Bau gegeben werden.

1. Zunächst soll eine Anregung gegeben werden, verschiedene, eigentlich für einen anderen Zweck gedachte, Gefäße als „Kleinstteich" umzufunktionieren. Es sei jedoch darauf hingewiesen, daß diese Behälter für eine artgerechte Haltung von Teichfischen natürlich nicht geeignet sind, aber als Feuchtbiotop für Sumpfpflanzen, im Sommer vielleicht mit einem Paar Paradiesfische *(Macropodus opercularis)* besetzt, sehr attraktiv wirken können.

Fässer aller Art, Betonringe und Kunststoffwannen lassen sich durchaus geschickt und unsichtbar in die Gartenlandschaft einbauen.

Alle derartigen Gefäße müssen – das ist sehr wichtig – sorgfältig und mehrfach von den Resten ihrer bisherigen Verwendung gereinigt und dann mit geeigneten giftfreien Isoliermitteln ausgestrichen werden. Auch darf man sie nicht einfach

in die Gartenerde versenken, sondern muß sie rundherum mit einer besonderen Drainageschicht aus Koks, Schlacken oder grobem Kies umgeben, in der bei Regen überlaufendes Wasser versickern kann. Eine Sickergrube mit Zuleitung vom Teich ist für das Ablassen des Wassers im übrigen immer sehr zweckmäßig, gleichgültig um was für einen Teich es sich handelt.

Ein kleiner Wasserfall sorgt für Sauerstoffanreicherung im Wasser.

⬩ **Ein großräumiger Teich, teilweise von einer Rasenfläche begrenzt, wirkt großzügiger. Auch größere Uferbepflanzung ist hier angebracht.**

Anlage eines Gartenteichs: Zuerst wird das Teichbett ausgehoben. Dann wird das Sandbett sorgfältig eingebracht und gut verteilt. Es folgt das Einlegen einer unbeschnittenen Folie. Anschließend kann der Bodengrund geschüttet werden und die Bepflanzung erfolgen (von außen nach innen). Nach dem Beschnitt der Folie braucht nur noch das Wasser eingelassen werden.

2. Der Einbau von Fertigteichen in das allgemeine Gartenbild ist eine persönliche Geschmacksache; wenn sie natürlich wirken sollen, müssen vor allem die Randübergänge genau überlegt sein. Mit Pflanzenpolstern und geeigneten Stauden, etwa Schwertlilien, läßt sich vieles machen. Für Hanggrundstücke eignen sich Fertigteiche allerdings meist überhaupt nicht.

3. Eine natürliche Form sind die aus Lehm und Ton gestampften Teiche, wobei es heute oft schwierig ist, das Rohmaterial in einwandfreier und gleichmäßiger Qualität für Schichtstärken bis zu 25 cm zu beschaffen. Hierbei ist es wichtig, ein gut formbares, aber nicht flüssiges Baumaterial zu verwenden. Eine dauerhafte Dichtigkeit kann nicht garantiert werden und Lehm bietet keinen Schutz

vor durchwachsenden Wurzeln, vor Mäusen oder Maulwürfen. Auch eine dauernde Wassertrübung ist nicht ausgeschlossen.

4. Praktisch und preisgünstig sind Teichanlagen mit modernen Kunststofffolien. Geeignet sind UV-beständige, weichmacherarme PVC-Folien, die mindestens 0,8 mm stark sein sollten. Baufolien oder Siloplanen aus Polyethylen sind nicht zu empfehlen, da sie schnell brüchig werden und leicht reißen können.

PVC-Folien erlauben eine fast naturgetreue Nachbildung eines Teiches und eine beliebige Größe und Gestaltung, da sie in der gewünschten Form gefertigt oder ausgelegt werden können (z. B. TetraPond-Teichfolie mit zehn Jahren Garantie).

Man erkennt aus dieser keinesfalls erschöpfenden Aufzählung, welche Möglichkeiten in verschiedenen Preislagen zur Verfügung stehen. Es ist auf jeden Fall sinnvoll, ein spezielles Handbuch zu Rate zu ziehen und die unterschiedlichen Gegebenheiten des Gartenbodens sowie das persönliche handwerkliche Geschick zu berücksichtigen. Bei Auswahl und Entwurf denke man auch einmal an die stilistisch schönen japanischen Gartenteiche. Die genaue Tiefe eines winterharten Gartenteiches läßt sich kaum angeben, da zu viele örtliche Faktoren hierfür maßgebend sind. Tiefen ab 0,8 bis 1 m können als relativ frostsicher gelten.

◆ **Unsere Fotos zeigen verschiedene Entwürfe, jeder ist in seiner Art gelungen. Beachtenswert ist in allen Fällen die gelungene Einpassung in den Garten.**

Überwinterung und Algenblüte im Frühjahr

In Teichen, die entweder aufgrund ihrer klimatischen Lage kaum zufrieren (bis 5 cm Eisdicke) oder tiefer als 0,8-1 m sind, können die meisten Fischarten im Gartenteich bei vernünftigem Besatz überwintern.

Auch wenn im Winter die Stoffwechselaktivitäten und damit der Sauerstoffbedarf reduziert sind, muß für einen ausreichenden Sauerstoffgehalt, auch unter der Eisschicht, Vorsorge getroffen werden. Durch Pumpen, Ausströmer oder spezielle Teichbelüfter können zumindest Teilbereiche der Wasseroberfläche dauernd eisfrei gehalten werden. Für bestimmte Fischarten, besonders Goldfisch-Zuchtformen sollte allerdings eine Teichheizung eingebaut werden, sofern keine Möglichkeit besteht, die Fische im Haus zu überwintern. Niemals sollte jedoch ein zugefrorener Teich aufgehackt werden, um Luft in das Wasser einzublasen, da hierdurch plötzliche Gasübersättigungen auftreten können, die die Fische schädigen oder töten.

Auf jeden Fall sollte nach dem letzten Laubfall im Herbst der Teich von Ästen und Laub gereinigt werden, da diese im Teich zu gären beginnen. Der Fäulnisprozeß würde die Fische an Sauerstoffmangel eingehen lassen.

Im Frühjahr – meist schon Ende März – beginnen die ersten stärkeren Sonnenstrahlen das Wasser zu erwärmen. Dann kommt es häufig zur „Wasserblüte" im Teich, das Wasser wird in wenigen Tagen

Am Ende des Winters sieht man noch nicht viel von der künftigen Pracht des Gartenteichs.

undurchsichtig grün. Diese Wassertrübung entsteht durch eine Massenvermehrung winziger Algen bei einem Überangebot von Nährstoffen im Wasser, die von den erst später austreibenden höheren Wasser- und Uferpflanzen noch nicht verwertet werden können. Wenn der Teich durch zu starke Fütterung überdüngt ist oder zu starken Fischbesatz aufweist, bleibt die Wasserblüte den ganzen Sommer. Eine Algenblüte sieht nicht nur unschön aus, sondern kann auch für die Fische gefährlich werden. Zum einen kann der pH-Wert in für Fische schädliche Bereiche ansteigen und zum anderen zum sogenannten „Umkippen" des Teiches führen. Algen benötigen wie alle Pflanzen während der Nacht für bestimmte Stoffwechselprozesse Sauerstoff. Bei einer Massenentwicklung kann der gesamte im Wasser gelöste Sauerstoff über Nacht aufgezehrt werden, was zum Absterben der Algen, aber auch der meisten Tiere und Pflanzen führt – der Teich „kippt um"!

Bei einer Algenblüte sollte sofort Abhilfe durch häufige Wasserwechsel und gegebenenfalls den Einsatz von Algiziden geschaffen werden.

Gewarnt werden muß dringend vor Mitteln, wie sie zur Algenbekämpfung in Schwimmbecken verwendet werden. Diese Mittel sind schon in geringen Mengen gefährliche Fisch- und meist auch Pflanzengifte. Dagegen kann TetraPond AlgoFin zur Bekämpfung von Algen im Gartenteich empfohlen werden. Im Anschluß daran sollte ebenfalls ein Wasserwechsel durchgeführt werden.

Es sei nochmals darauf hingewiesen, daß durch die Vermeidung von Überbesatz, vernünftige Fütterung und ausreichende Teichhygiene eine Algenblüte meist verhindert werden kann.

Schädlinge und Gäste des Gartenteiches

Eine Wasserfläche, und sei sie noch so klein, hat eine ungemein anziehende Wirkung auf allerlei Wasserbewohner der freien Landschaft, welche nachts auf der Suche nach einem neuen Lebensraum oder aus anderen Gründen umhervagabundieren wie z. B. Amphibien zur Laichzeit. Leider schon sehr selten und auch dann nur in besonders geeignet gelegenen Gebieten sind heute noch Frösche, Kröten und Molche in der Natur anzutreffen.

Von unseren Molchen tritt der Teichmolch, auch Kleiner Kamm-Molch *(Triturus vulgaris)* genannt, noch am häufigsten auf, um schon im zeitigen Frühjahr seine Paarungsspiele und die Ablage der Eier einzeln im Pflanzendickicht vorzunehmen. Nach wenigen Wochen ist er schon wieder über Land abgewandert, so unbemerkt wie er gekommen ist.

Die anderen Molcharten werden kaum angetroffen, mit Ausnahme des Bergmolches *(Triturus alpestris)* in den Mittelgebirgslandschaften. Im Gegensatz zum Teichmolch scheint er besondere Ansprüche an ein Laichgewässer zu stellen.

An vielen Orten kann man dagegen schon im zeitigen Frühjahr selbst bei nächtlichem Frost den einst so häufigen Tau- oder Grasfrosch *(Rana temporaria)* antreffen, wenn auch weniger zahlreich als früher. Man sollte ihm das geschützte Fleckchen Gartenteich gönnen. Hin und wieder stellt sich um diese Jahreszeit dann auch einmal ein hochzeitendes Erdkrötenpaar *(Bufo bufo)* ein. Diese treuen Gartengehilfen, sind sie doch als nächtlicher Vertilger von Schadinsekten empfehlenswerter als mancher Giftstoff, bedürfen unseres völligen Schutzes, und man sollte sie mit aller Sorgfalt behüten. Es ist auch schon vorgekommen, daß eines Morgens ein „grünberockter" Wasserfrosch *(Rana esculenta)* in der Sonne am Beckenrand saß. Diese wanderlustigen Einzelgänger bleiben selten länger als

Der Teichmolch *(Triturus vulgaris)*

Die Erdkröte *(Bufo bufo)* ist im Garten das ganze Jahr über ein nützlicher Helfer; sie geht zur Eiablage ins Wasser.

einige wenige Sommermonate. Eine erwünschte Besetzung mit ihnen durch den Teichbesitzer gelingt so gut wie nie und wenn, dann nur in sehr großen Teichen. Alle diese so selten gewordenen Amphibien richten keinen Schaden an und jeder sollte sich über einen solchen Besucher im Garten freuen.

Ganz anders ist es aber mit den einwandernden Wasserinsekten. Unter ihnen ist mancher gefährlicher Räuber. Ganz zuerst muß hier der Gelbrandkäfer *(Dytiscus marginalis)* genannt werden, der sich auch an Amphibienlarven und Fischbrut vergreift. Ein ebenso seltener wie friedlicher Geselle ist dagegen der große pechschwarze Kolbenwasserkäfer *(Hydrous piceus)*, ein Pflanzenfresser, der nur sehr vereinzelt einmal auftritt. Alle übrigen sich einstellenden kleinen Wasserkäfer wie etwa die quecksilbrigen Taumelkäfer (Gattung *Enhydrus* u. a.) sind harmlos und können bedenkenlos geduldet werden.

Neben Käfern treten auch verschiedene räuberische Wasserwanzen auf, so der Rückenschwimmer *(Notonecta glauca),*

die Schwimmwanze *(Naucoris cimicoides)* und der bizarre Wasserskorpion *(Nepa rubra)*. Die auf der Oberfläche in langen Sprüngen dahingleitenden Wasserläufer, im Volksmund Schlittschuhläufer genannten Wasserwanzen (*Gerris*-Arten), sind harmlose Vertilger kleiner lebender und toter Insekten. Erfreulich ist es, wenn sich Libellen in verschiedenen Arten, Farben und Größen über dem Wasser einstellen, um nach eleganten Flugspielen vielleicht im Wasser ihre Eier abzulegen. Die als interessante Kleintierjäger im Wasser lebenden Larven dürfen zumindest für größere Fische als harmlos gelten. Gleiches gilt für die Köcher- und Eintagsfliegen und ihre Larven.

Die Zeiten sind wohl vorbei, wo noch Eisvögel bei uns in den Gärten am Teich aufkreuzten. Während der „Blaue Blitz", der schöne Eisvogel, nur für einzelne, kleinste Fische hin und wieder gefährlich werden kann (wir wollen sie ihm als Prämie für die Schönheit gönnen), kann ein Fischreiher recht ansehnlichen Schaden anrichten und einen kleinen Teich schnell ausfischen.

41

Aus England wird von einer Methode berichtet, wie, anscheinend mit einigem Erfolg, Fischreiher vom Gartenteich ferngehalten werden können. Der Reiher ist ein Einzelgänger, der die Nähe von Artgenossen an seinem Fischgewässer meidet. Man kauft sich im Kaufhaus oder Gartencenter einen der als Spielzeug oder Gartenschmuck beliebten Plastikstörche, streicht ihn wie einen Reiher schiefergrau an, um ihn dann am Rande des Teiches reihergleich aufzustellen.

Sollten einmal Wildenten in unseren Teich einfallen, so verscheuche man sie, damit sie sich nicht erst an den Platz gewöhnen, da sie Pflanzen und Böschungen beschädigen. Willkommen ist dagegen das zierliche Grünfüßige Teichhuhn, das sich selbst in der Großstadt, allerdings nur an sehr großen Teichen, als Kulturfolger nicht selten einstellt.

Am Schluß noch ein besonderer Hinweis!

Bei einer chemischen Bekämpfung von Blattläusen und anderen Schädlingen auf Gartenpflanzen und Teichgewächsen – auch Seerosen leiden oft darunter –, darf man nie vergessen, daß man eine offene Wasserfläche im Garten hat. Viele Schädlings- und Unkrautvernichtungsmittel können selbst in kleinsten Mengen für Fische oder andere Wasserlebewesen tödlich sein.

Der Gelbrandkäfer (Dytiscus marginalis), hier ein ♂, ist ein für Jungfische gefährlicher Einwanderer.

o.l.: Aeschna-Larve

o.r.: Aeschna in Ruhestellung

Der kleine Kamm-Molch *(Triturus cristatus)*, hier ein ♂, kommt im Frühling für einige Wochen auf Besuch. (oben)

Im Mittelgebirge stellt sich auch der bunte Bergmolch *(Triturus alpestris)* manchmal ein. (unten)

DIE PFLANZEN

Wasserpflanzen im Kaltwasser

Der großen Auswahl von Wasserpflanzen für Tropenaquarien steht nur eine verhältnismäßig kleine Anzahl von für Kaltwasseraquarien geeigneten Pflanzen gegenüber. Auch ist das Angebot im Fachhandel oft sehr eingeschränkt, vor allem im Winter, da die Zahl der Kaltwasser-Aquarianer gegenüber den Liebhabern tropischer Zierfische sehr klein und die Nachfrage entsprechend gering ist. Gerade die heimischen Wasserpflanzen spielen eine untergeordnete Rolle und sind eher in Gärtnereien als im Zoo-Fachhandel erhältlich.

Aquarienpflanzen kann man grob in echte Wasserpflanzen und Sumpfpflanzen einteilen. Wasserpflanzen sind an das Leben im Wasser angepaßt und können völlig untergetaucht wachsen, auch wenn einige Arten Schwimmblätter oder aus dem Wasser ragende Blütentriebe entwickeln können. Man bezeichnet diese Lebensweise auch als submers. Sumpfpflanzen wachsen dagegen emers,

d. h. nur ein Teil der Pflanze steht im Wasser oder der feucht-sumpfigen Ufer-zone, während der Hauptteil oberhalb der Wasseroberfläche wächst. Sehr viele Sumpfpflanzen finden mittlerweile als „typische" Aquarienpflanzen Verwen-dung, was aber eine besondere Pflege er-fordert, da die ständig untergetauchte Lebensweise eigentlich unnatürlich ist.

Für ein gesundes Pflanzenwachstum sind, unabhängig von der Pflanzenart oder natürlichen Lebensweise folgende Grundvoraussetzungen notwendig:

– gute Beleuchtung, die im Farbenspek-trum dem Sonnenlicht entsprechen sollte

– artentsprechende Wasserverhältnisse, besonders Temperatur, pH-Wert und Härte

– lockerer Bodengrund und ausreichende Nährstoffversorgung über das Wasser und den Boden.

Das Licht spielt für das Pflanzen-wachstum eine besondere Rolle, da ohne Licht ausreichender Menge und passen-der Farbe (Wellenlänge) der wichtigste Aufbauprozeß in der Pflanze – die Photo-synthese – nicht ablaufen kann. Das Son-

Schöner als einheimische Sorten sind oft die Zuchtformen eingeführter Pflanzen, wie die schönblühenden Sorten der Japanischen Was-serschwertlilie *(Iris kämpferi)*.

nenlicht stellt sicherlich die beste Licht-quelle dar, spielt aber in der Aquaristik kaum mehr eine Rolle. Am häufigsten werden zur Aquarienbeleuchtung Leuchtstoffröhren eingesetzt. Man sollte hauptsächlich sogenannte Tageslicht-Röhren verwenden, die reinweißes Licht abstrahlen. Als Zusatzbeleuchtung kön-nen spezielle „Pflanzenröhren" (z. B.

45

Grolux) oder Kombinationen von sogenannten Warm- und Kalttonröhren eingesetzt werden. Als Faustregel kann dabei gelten, daß die Leistung (Watt) aller
Leuchtstoffröhren mindestens der hal-
ben Literzahl des Aquariums entsprechen sollte.

Die in der Aquaristik mittlerweile weit
verbreiteten Quecksilber- oder Halogen-
Metalldampflampen sind für Kaltwasseraquarien weniger geeignet, da sie zuviel Wärme abstrahlen.

Wichtig ist, daß auch während der
Wintermonate eine sogenannte Langtag-
Lichtperiode (über 12 Stunden) eingehal-
ten wird, die in ihrer Tageslänge einem
normalen Sommertag entspricht. Nur so
kann man die photoperiodisch eingelei-
teten Rückbildungsprozesse im Herbst un-
terbinden und die meisten Pflanzen auch
während des Winters in guter Verfassung
halten.

Viele heimische Wasserpflanzen wie
zum Beispiel der Wasserstern (Callitriche
palustris) sind empfindlich gegenüber zu
hohen Temperaturen (über 18° C). Oft ist
es günstiger, auf bewährte und in dieser
Hinsicht tolerantere importierte Arten
zurückzugreifen wie die Argentinische
Wasserpest (Egeria densa), die Krause
„Wasserpest" (Lagarosiphon muscoides var.
major) aus dem südlichen Afrika, nordamerikanische Tausendblattarten (Myriophyllum), Pfeilkräuter (Sagittaria) oder
Valisnerien und Ludwigien. Die echte,
an gemäßigte Temperaturen angepaßte
Karolina-Haarnixe (Cabomba caroliniana)
ist leider nur selten artrein im Handel zu
finden. Alle diese Pflanzen sind den Bedingungen des Zimmeraquariums wesentlich besser angepaßt als viele einhei-

mische Wasserpflanzen. Keinesfalls
sollte bzw. darf der Aquarienfreund
Pflanzen aus natürlichen Gewässern entnehmen, z. B. stehen Teichrosen (Nuphar)
und Seerosen (Nymphaeae) unter Naturschutz.

Die meisten Pflanzenarten für Kaltwasser-Aquarien können sich an sehr unterschiedliche Wasserverhältnisse und
-qualitäten anpassen. Der optimale Tem-
peraturbereich liegt im allgemeinen zwischen 15 und 18° C, der pH-Wert sollte 6,5
nicht unterschreiten aber auch nicht
über 8 ansteigen. Auch bei den Härtebe-
reichen sollten extreme Werte vermieden
werden.

Alle Pflanzen benötigen für photosyn-
thetische Aufbauprozesse tagsüber Koh-
lendioxid und in der Dunkelphase über
Nacht Sauerstoff. Sorgen Sie dafür, daß
im Aquarienwasser immer ein ausgewo-
genes Angebot dieser Gase zur Verfügung steht. Um Kohlendioxidmangel
oder eine zu starke Sauerstoffzehrung
über Nacht, die auch für die Fische gefährlich werden kann, zu vermeiden,
muß unter Umständen eine zusätzliche
Belüftung über einen Ausströmer oder
eine Kohlendioxid-Düngung tagsüber
über im Fachhandel erhältliche „CO_2-
Systeme" installiert werden. Beachten
Sie, daß der Kohlendioxidgehalt im Wasser auch den pH-Wert und die Karbonat-
härte beeinflußt.

Als Bodengrund wird Kies als Univer-
salsubstrat in Aquarien verwendet. In
der Körnung 4 – 7 mm bietet er den
Pflanzen ausreichenden Halt und er-
laubt eine gute Ausbreitung der Wurzeln.
Lockern Sie den Bodengrund regelmäßig
auf, da eine Verdichtung zu Fäulnispro-

zessen und stagnierendem Pflanzen-wachstum führen kann. Im Zoo-Fach-handel sind verschiedene Bodenzusätze erhältlich, die wichtige Nährstoffe und Spurenelemente enthalten. Verwenden Sie jedoch niemals Pflanzendünger, die Nitrate und Phosphate enthalten.

Bietet die Kultur von Wasserpflanzen aus gemäßigten Klimazonen im Zimmer-aquarium einige Probleme, so ist die Be-pflanzung eines Gartenteiches denkbar einfach und klappt in der Regel auf An-hieb. Hier, wo Licht und Sonne ungehin-

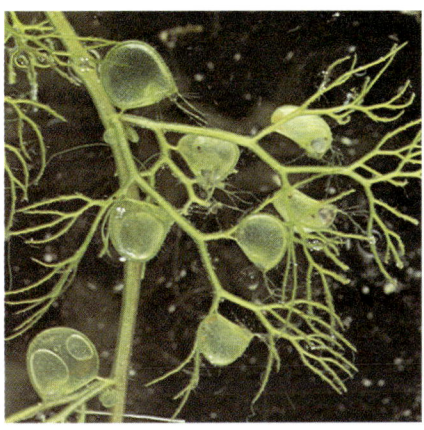

▲ **Der fleischfressende Wasserschlauch** *(Utri-cularia vulgaris)*

◀ **Die samtgrüne Muschelblume** *(Pistia stra-tiotes)* **kann nur in warmen Sommermonaten im Gartenteich gedeihen.**

➥ **Die Wasserhyazinthe** *(Eichhornia crassipes)*

dert Zutritt haben, ist auch die Auswahl an geeigneten Pflanzenarten überaus reichhaltig. Neben untergetauchten Pflanzen sind es vor allem die Schwimm-und Uferpflanzen, mit denen man einen Gartenteich außerordentlich vielseitig und dekorativ gestalten kann. Ob man hierbei nur einheimische Arten bevor-zugt, vielleicht bestimmte Biotope nach-ahmen will, oder ob man auch auf fremd-ländische Arten und Züchtungen zurück-greift, ist eine Frage, die jeder persönlich entscheiden mag.

Allen Teichpflanzen voran stehen die attraktiven Seerosen *(Nymphaea)*. Doch gerade hier gibt es einiges zu beachten. Seerosen bedürfen schon beim Kauf unserer besonderen Aufmerksamkeit: Auswahl von Art und Sorte muß sich unbedingt nach Wassertiefe und Größe des Gartenteiches richten! Auf keinen Fall sollte man für die Gartenteichgröße zu groß werdende Sorten wählen. In einen zu flachen Gartenteich gepflanzt, treiben solche Pflanzen schnell Luftblätter und überwachsen während des Sommers die ganze Wasseroberfläche, so daß weder Blüten zu sehen sind, noch von der freien Wasserfläche etwas übrigbleibt. Es ist daher empfehlenswert, sich beim Erwerb eines Seerosenwurzelstocks beraten zu lassen. Die Wurzelstöcke müssen gesund und frei von Faulstellen sein und dürfen keinesfalls zu tief gepflanzt werden. Seerosen sind sonneliebend. Dies muß bei der Auswahl des Platzes stets berücksichtigt werden.

Die wilde Wasserschwertlilie *(Iris pseudacorus)*.

Selbst für recht kleine Gartenteiche stehen dem Liebhaber dekorative zierliche Schwimmpflanzen zur Verfügung. Erwähnt sei hier nur der heimische Wasserhahnenfuß *(Ranunculus aquatilis)*, das Schwimmende Laichkraut *(Potamogeton natans)* oder der Wasserknöterich *(Polygonum amphibium)* sowie die Seekanne *(Nymphoides peltata)*. Ausgesprochen wärmeliebende Exoten sind die Wasserhyazinthe *(Eichhornia crassipes)* oder die Muschelblume *(Pistia stratiotes)*. Beide verlangen flaches Wasser, das sich genügend erwärmt, und volle Sonne. Sie müssen im Herbst rechtzeitig in ein Aquarium gesetzt werden. Weniger anspruchsvoll, doch im flachen Wasser recht wüchsig, ist der heimische Fieberklee *(Menyanthes trifoliata)*.

Für die Bepflanzung des Uferbereiches oder flacher Sumpfzonen stehen eine Vielzahl von Pflanzenarten zur Verfügung.

Überall häufig ist bei uns der Froschlöffel *(Alisma plantago-aquatica)*. Sehr gut geeignet sind auch der Kalmus *(Acorus calamus)* oder die Schwanenblume *(Butomus umbellatus)*, viele emerse Pfeilkrautarten *(Sagittaria)*, Wasserschwertlilien *(Iris)* oder Igelkolben *(Sparganium)* und besonders für kleine Teiche zu empfehlen der Tannenwedel *(Hippuris vulgaris)*. Vom Rohrkolben *(Typha)* gibt es eine Zwergart *(Typha minima)*, die nur 60 cm hoch wird und deshalb auch für kleine Gartenteiche in Frage kommt.

Beim Pflanzen von Schilfrohr *(Phragmites)* sollte man beachten, daß es durch starkes Wachstum und Ausbreitung verhältnismäßig schnell zu einer „Verlandung" führen kann.

An feuchten Uferstellen kann man die Sumpfdotterblume *(Caltha palustris)* oder das Sumpfvergißmeinnicht *(Myosotis palustris)* sowie das amphibisch wachsende und fast universell verwendbare Pfennigkraut *(Lysimachia nummularia)* pflanzen.

Damit die Pflanzen besser gedeihen und sich wunschgemäß entwickeln, sollte bei der Einrichtung des Gartenteiches Dünger dem Bodengrund beigegeben werden. Wegen seiner ausgewogenen Nährstoff-Kombination ist TetraPond PlantaFin sehr gut geeignet. Zusätzlich ist der Flüssigdünger Tetra Pond Ferro-Fin einsetzbar, der ebenfalls wichtige Spurenelemente für kräftigen Pflanzenwuchs enthält.

Frühjahr am Gartenteich

Pflanzen für das Kaltwasseraquarium

Die Argentinische Wasserpest *Elodea (Egeria) densa* zählt zu den ältesten Aquarienpflanzen. Gegenüber der „einheimischen" Wasserpest *(Elodea canadensis)* – sie wurde vor über 100 Jahren nach Europa eingeschleppt – hat *Egeria densa* den Vorzug besserer Wüchsigkeit, verbunden mit vorzüglicher Anpassung an die Bedingungen des Aquariums.

Hornkraut *(Ceratophyllum)* findet man bei uns in stehenden und langsam fließenden Gewässern. Am stärksten verbreitet ist das Gemeine Hornkraut *(Ceratophyllum demersum)*. Bei günstigen Lichtverhältnissen bleibt Hornkraut auch während des Winters in guter Verfassung. Man kann es in dichten Büscheln pflanzen, ebenso gut aber auch frei treibend halten.

Luwigien *(Ludwigia)* zählen wie *Elodea* zu den klassischen Aquarienpflanzen. Im Angebot des Handels findet man meist eine Kreuzung aus unserer heimischen Ludwigie *Ludwigia palustris* und *Ludwigia repens*, aus den wärmeren Gebieten Amerikas oft als „*Ludwigia mulertii*" bezeichnet. Sie wächst in kühlerem Wasser zwar langsamer, ist aber ausgezeichnet haltbar.

Vallisnerien *(Vallisneria)* sind dem Aquarianer so bekannt, daß die kaum einer besonderen Empfehlung bedürfen. Für das Kaltwasseraquarium sollte man allerdings darauf achten, daß man keine großwüchsigen tropischen Pflanzen bekommt. Im Habitus sehr ähnlich und gleichfalls gut geeignet sind Pfeilkräuter vor allem *Sagittaria subulata* aus Nordamerika.

Quellmoos oder Brunnenmoos *Fontinalis antipyretica* gehört zu den zierlichen Wassermoosen. Man findet es in Bächen zuweilen mit dem Flutenden Hahnenfuß *Ranunculus fluitans*. Als Aquarienpflanze ist Quellmoos gut haltbar.

Tausendblattarten *Myriophyllum* entwickeln sich bei kühleren Wassertemperaturen besonders prächtig. Vom Handel werden meist nordamerikanische Pflanzen u. a. *Myriophyllum hipuroides* angeboten. Sie haben gegenüber unseren heimischen Tausendblattarten den Vorzug besserer Wüchsigkeit.

Abschließend sei noch auf die verschiedenen Laichkräuter *(Potamogeton)* hingewiesen, die im Aquarium allerdings hohe Ansprüche an Wasser und Bodengrund mit kräftiger Düngung stellen.

Sumpfschrauben *(Vallisneria spiralis)* sind auch für das ungeheizte Aquarium bestens geeignet.

Selbst wenn das Angebot an für Kaltwasser geeignete Pflanzen im Fachhandel mitunter keine große Auswahl bietet, lassen sich meist auch mit wenigen Arten attraktive Unterwasser-Landschaften gestalten. Entnehmen Sie jedoch niemals Pflanzen aus der freien Natur, zumal viele unter Naturschutz stehen.

Die Wasserpest *(Elodea densa)* ist eine der ältesten und bekanntesten Wasserpflanzen, Blüte im Kreisausschnitt.

Das Hornkraut *(Ceratophyllum)* gedeiht auch freitreibend im Wasser.

Ludwigia-Arten
sind schmückende
Unterwasserpflanzen.

Tausendblätter (*Myriophyllum-*
Arten) bringen erst den rechten
Unterwasserzauber in jedes
Aquarium.

Der Wasserhahnenfuß *(Ranunculus aquatilis)* ist eine
zierliche einheimische Pflanze.

Das Quell- oder Brunnenmoos *(Fontinalis antipyretica)*
stammt aus heimischen fließenden Gewässern.

Pflanzen für den Gartenteich

Der Beschreibung einiger gut geeigneter Pflanzenarten für den Gartenteich sei nochmals der Hinweis vorangestellt, die Pflanzen niemals der freien Natur zu entnehmen. Selbst wenn stellenweise die Pflanzenbestände noch sehr groß erscheinen, darf dies nicht darüber hinwegtäuschen, daß sehr viele einheimische Wasser- und Sumpfpflanzen durch Umweltverschmutzung und Gewässerverbauung in ihrem Bestand stark gefährdet sind.

Seerosen sollten in keinem Gartenteich fehlen. Bei der Auswahl müssen Wassertiefe und Gartenteichgröße berücksichtigt werden. Es gibt viele Züchtungen und Arten, von Zwergseerosen bis zu riesenblütigen Züchtungen für größere Gartenteiche mit entsprechendem Wasserstand. Unsere heimische Seerose *Nymphaea alba* steht unter Naturschutz. Schöner und blühwilliger ist die Züchtung *Nymphaea marliacea albida*. Allerdings benötigt sie mindestens 50 cm Wassertiefe. Das gleiche gilt für die rotblühende *Nymphaea „Escarboucle"*, die aber nicht so starkwüchsig ist.

Kalmus *(Acorus calamus)* ist bei uns an Gräben und Teichrändern noch häufig zu finden. Entsprechend seinem natürlichen Standort sollte man Kalmus an den Teichrand pflanzen. Die Pflanze ist auch für kleinere Gartenteiche geeignet (bis 60 cm hoch), läßt sich schnell eingewöhnen und wächst kräftig.

Der Wasserschlüssel *(Hydrocleys nymphoides)* gehörte einmal zu den beliebtesten Aquarienpflanzen, wird heute jedoch vorwiegend in Gartenteichen kultiviert. Die Pflanze benötigt volle Sonne, wenn sie reichlich blühen soll. *Hydrocleys* ist nicht winterhart, so daß man einige Ausläufer rechtzeitig im Herbst in ein Aquarium pflanzen muß.

Die Seekanne *(Nymphoides peltata)* ist in der freien Natur schon recht selten geworden. Gut eingewöhnte Pflanzen sind im Frühjahr regelmäßig im Handel erhältlich. Besonders in kleineren Gartenteichen ist *Nymphoides* eine ideale Pflanze, bei zu starkem Wuchs muß allerdings ausgelichtet werden.

Die Schwanenblume oder Blumenbinse *(Butomus umbellatus)* wird als Uferpflanze fast einen Meter hoch. Sie blüht von Juni bis August und paßt sich jeder Wassertiefe an. Wegen ihrer Anspruchslosigkeit ist sie eine der bevorzugten heimischen Wasserpflanzen für Gartenteiche.

Wasserschwertlilien sind für die Bepflanzung des flachen Ufers gut geeignet. Reichblütiger und farbenprächtiger als unsere heimische Wasserschwertlilie *(Iris pseudacorus)* sind die Züchtungen der japanischen Sumpfschwertlilie *(Iris kämpferi)*. Der Handel führt viele farbenprächtige Züchtungen.

Das Brasilianische Tausendblatt *(Myriophyllum brasiliense)*, auch Papageienfeder genannt, zeichnet sich dadurch aus, daß bei intensiver Beleuchtung und ausreichender Wasserwärme leicht über die Wasseroberfläche hinauswächst. Im sonnigen Teil des Gartenteichs ist dieses Tausendblatt sehr gut haltbar. Überwinterung frostfrei bei etwa 10° C.

Von den Pfeilkräutern *(Sagittaria)* steht eine Vielzahl von winterharten Arten zur

Verfügung. Der Vorteil von Pfeilkräutern besteht vor allem darin, daß sie sich den Standortbedingungen gut anpassen, nicht allzu groß werden und regelmäßig zur Blüte kommen.

Die weißen Seerosen (hier *Nymphaea marliacea albida)* **sind für jeden Gartenteich die Krönung.**

Auch ihre bunten Schwestern (hier *Nymphaea „Escarboucle")* **sind sehr beliebt.**

Der Kalmus *(Acorus calamus)* **ist für die Uferbepflanzung bestens geeignet.**

Der Wasserschlüssel *(Hydrocleys nymphoides)* **ist nicht winterhart.**

Die Seekanne *(Nymphoides peltata)* ist in der freien Natur sehr selten geworden.

Die Schwanenblume oder Blumenbinse *(Butomus umbellata)* steht ebenfalls unter Naturschutz.

Die Papageienfeder *(Myriophyllum brasiliense)*, ein winterempfindliches Tausendblatt, wächst gern über die Wasseroberfläche hinaus.

Die Pfeilkräuter *(Sagittaria-Arten)* sind für den Gartenteich bestens geeignet.

Allen Schwimmblättern
ist eines gemeinsam:
Sie entspringen einem fest im
Bodengrund verankerten Rhizom
oder einer entsprechenden Knolle
und treiben an langen Stielen
zur Wasseroberfläche.

Die gelbe Teichrose *(Nuphar
luteum)* ist in ihren Freibeständen
gefährdet.

DIE FISCHE

Europäische Arten

An Vertretern aus europäischen Süßgewässern eignen sich nur etwa zehn bis fünfzehn Arten für das Kaltwasseraquarium, da viele Arten einfach zu groß werden. Bei dem heutigen Zustand unserer Gewässer ist es nicht verwunderlich, daß die meisten der attraktivsten und interessantesten – aber auch anspruchsvollen – heimischen Kleinfische selten geworden oder teilweise im natürlichen Bestand stark gefährdet sind. Sie sollten bzw. dürfen keine Fische aus den natürlichen Gewässern fangen!

Neben der übergreifenden Bundesartenschutzverordnung und den Naturschutz- und Fischereigesetzen der Bundesländer sind die Fischereirechte an den einzelnen Gewässern zu beachten. Falls Sie Fischarten im Aquarium oder Gartenteich pflegen wollen, die weder im Zoo-Fachhandel noch in Fischzuchtanstalten erhältlich sind, informieren Sie sich unbedingt bei den Naturschutzbehörden der Bundesländer und den örtlichen Fischereivereinen bzw. -genossenschaften über Artenschutzbestimmungen und Entnahmemöglichkeiten aus öffentlichen Gewässern.

Es sei noch darauf hingewiesen, daß es weiterhin verboten ist, art- oder gebietsfremde Fische in freie Gewässer auszusetzen!

Die im folgenden genannten Fischarten sind, wenn z. T. auch nur zeitweise, im Zoo-Fachhandel oder bei Teichwirtschaften erhältlich. Sie gehören folgenden Fisch-Familien an:

Cyprinidae Karpfenfische	9 Arten
Gasterosteidae Stichlinge	2 Arten
Cobitidae Schmerlen	2 Arten

Goldorfen im Gartenteich ▶

58

Rotfeder, Rötel
(Scardinius erythrophthalmus)
Karpfenartiger Weißfisch bis 30 cm Länge. Von der ähnlichen Plötze durch Stellung der Bauchflossen weit vor dem Beginn der Rückenflosse und der stärkeren Rotfärbung der Flossen unterschieden. Ganz Europa, nur im äußersten Norden und Süden fehlend. Bewohner wärmerer pflanzenreicher Gewässer. Bescheiden im Sauerstoffbedarf. Bevorzugt Pflanzennahrung, deshalb keine weichen Unterwasserpflanzen verwenden. Vallisnerien bleiben meist unversehrt. Es gibt von der Rotfeder orangefarbene Zuchtformen, meist dunkel gescheckt. Kann sich mit anderen Fischarten z. B. Rotaugen paaren (Bastardisierung), deshalb möglichst getrennt halten. Flockenfutter.

Neunstachliger oder Zwergstichling
(Pungitius pungitius)
Diese schlanke, sehr kleine Art ist fast im ganzen nördlichen Europa verbreitet, bevorzugt kleine und kleinste Gewässer wie z. B. Wiesengraben. Männchen in schwarzem Hochzeitskleid baut hängendes Nest aus Fasern in Pflanzenbeständen. Sonst wie vorige Art, jedoch friedlicher. Natürliche Vorkommen z. T. stark gefährdet.

Dreistachliger Stichling
(Gasterosteus aculeatus)
Familie der Stichlingsfische, kleine gepanzerte Fische, nicht sehr friedlich. Lebt in mehreren Unterarten in Süß- und Salzwasser auf der ganzen Nordhalbkugel der Erde. Die nicht wandernde kleinere Süßwasserform für Aquarien geeigneter, da nicht so sauerstoffbedürftig. Das farbenprächtige Männchen baut zur

Laichzeit Nest aus Pflanzenfasern am Boden. Das Männchen betreibt Brutpflege. Verbeißen andere friedliche Fische, deshalb besser im Artaquarium zu halten. Benötigen Kleintiernahrung, lassen sich aber an Flockenfutter gewöhnen.

Elritze *(Phoxinus phoxinus)*
Ein schlanker, relativ kleiner (bis 14 cm), sehr munterer Karpfenfisch. Ganz Europa, nur südlich der Alpen teilweise fehlend, in klaren Bächen der Forellen- und Äschenregion. Sauerstoffbedürftig, gewöhnt sich aber schnell ein. Männchen zur Laichzeit mit roter Unterseite. Schwarmfisch. Kleintiere aller Art als Nahrung, geht aber ohne Schwierigkeiten an Flockenfutter. In heimischen Gewässern im Bestand gefährdet.

Bitterling
(Rhodeus sericeus amarus)
Bunter, kleiner Karpfenfisch (meist 5 – 6 cm). Kommt von der Rhône bis zur Newa vor, fehlt südlich der Alpen, in England und im äußersten Norden. Stehende, verkrautete Gewässer mit Süßwassermuscheln *(Unio* und *Anodouta)*, in welche die Fische ablaichen. Möglichst mit Muscheln zusammenhalten, die größer als 10 cm sind. Männchen zur Laichzeit sehr schön gefärbt. Weibchen mit Legeröhre. Kleintier- und Detritusfresser, gehen ohne Schwierigkeiten an Flockenfutter. In Deutschland gehören Bitterlinge zu den vom Aussterben bedrohten Fischarten. Im Handel werden öfter asiatische Bitterlinge angeboten.

Moderlieschen
(Leucaspius delineatus)
Anpassungsfähige kleine Fische bis 10 cm Länge in Kleingewässern aller Art, Mittel- und Osteuropa; Schwarmfisch mit interessantem Brutpflegeverhalten, Betreuung des Geleges an senkrechten Pflanzenstengeln durch das Männchen; Allesfresser, sehr gut mit Flockenfutter zu ernähren. In vielen Regionen Deutschlands sind die narürlichen Bestände stark gefährdet.

Bachschmerle, Schmerle *(Noemacheilus barbatulus)*
Die Schmerle ist ein Bodenbewohner flacher, schneller fließender Gewässer mit
Sand- und Kiesgrund und der Uferregion klarer Seen; meist dämmerungs- und nach-
taktiv; benötigt klares, kühles, sauerstoffreiches Wasser mit guter Filterung und kräftiger Wasserbewegung; Oberkiefer mit 6 Barteln, meist 10 cm lang; Lebendfutter,
zusätzlich Flockenfutter; in vielen Regionen Deutschlands im Bestand gefährdet.

Schlammpeitzger, Wetterfisch *(Misgurnus fossilis)*
Schmerlenfisch mit zehn Mundbarteln (meist 15 – 20 cm). Kommt von Nordfrank-
reich bis zur Newa vor, fehlt südlich der Alpen, in England und Skandinavien, Liebt
stille, flache, warme und verkrautete Gewässer. Darmatmer, der auch Trockenzeiten
im Schlamm überstehen kann.
Unruhig bei Gewitterneigung
(„Wetterfisch"), sonst ruhiger, nachtaktiver Bodenfisch.
Friedlich. Benötigt sauberes
Wasser, da sonst sehr anfällig
gegen bakterielle Infektionen.
Lebendfutter, zusätzlich Flok-
kenfutter. Natürliche Be-
stände sind stark gefährdet.

Plötze, Rotauge
(Rutilus rutilus)
Einer der verbreitetsten europäischen Karpfenfische. Kommt von den Pyrenäen bis Sibirien vor, fehlt südlich der Alpen und in Teilen Skandinaviens. Stehende und fließende Gewässer. Friedlicher und anspruchsloser Schwarmfisch bis 30 cm Länge. Der Rotfeder sehr ähnlich (siehe auch dort). Kein Pflanzenfresser, nimmt Nahrung jeder Art. Ab 10 cm Länge nur für Teiche. Sehr vermehrungsfreudig, neigt bei Überbevölkerung zur Verbuttung (u.a. Minderwuchs).

Gründling *(Gobio gobio)*
Karpfenartiger, friedlicher und geselliger Bodenfisch in stehenden und fließenden Gewässern, fehlt in Südeuropa und im äußersten Norden, z. T. im Brackwasser; großes Anpassungsvermögen an unterschiedliche Lebensräume. Gründlinge sollten immer in kleineren Schwärmen gehalten werden, größere Aquarien mit guter Filterung, gründelt gerne, geht problemlos an jedes Futter. In einigen Gegenden Deutschlands sind die natürlichen Bestände stark gefährdet.

Schleie, Schleih *(Tinca tinca)*
Bodenlebender Karpfenfisch. Ganz Europa, fehlt nur im äußersten Norden, in Dalmatien und auf der Krim. Braucht wärmeres Wasser mit weichem sandigen Boden. Gründelt gern. Es gibt sehr attraktive goldene und weiße Zuchtformen. Guter Beifisch für Goldfischformen. Sehr ruhiger Fisch. Allesfresser, bevorzugt kleine Bodentiere. Flockenfutter.

Aland, Orfe *(Leuciscus idus)*
Karpfenfisch, sogenannter Weißfisch. Ausgewachsen meist bis 40 cm, im Aquarium kleiner bleibend. Europa bis zum Ural, fehlt südlich der Alpen und in England, Frankreich und in der Schweiz. Bildet eine sehr elegante, weißgoldene, rotflossige Spielart, die Goldorfe. Diese ist als Aquarienfisch und für Gartenteiche aller Art sehr beliebt, da auch mit kühleren Temperaturen zufrieden. Schwarmfisch, lebhaft, auch im Teich stets gut sichtbar, Allesfresser.

Schneider, Alandblecke
(Alburnoides bipunctatus)
In Schwärmen lebender Karpfenfisch bis 15 cm vorwiegend schnellfließender Gewässer des Berglandes in Mittel- und Osteuropa. Benötigt klares, sauberes, sauerstoffreiches Wasser, sorgfältige Eingewöhnung nötig, geht an jedes Futter, liebt besonders Anflugnahrung. In Deutschland vom Aussterben bedroht.

Nordamerikanische Kaltwasserfische

Neben den bereits erwähnten heimischen Fischen sind es vor allen Dingen nordamerikanische Arten, die für aquaristische Zwecke eingeführt und zum Teil in der Teichwirtschaft nachgezüchtet werden. Ganz zuerst sind es die verschiedenen Arten der Familie der Sonnenbarsche *(Centrarchidae)*, eine auf die zentralen und östlichen Gebiete Nordamerikas beschränkte Gruppe mit verschiedenen Gattungen. Sie leben dort in klaren Gewässern mit meist sandigem Grund, einzeln oder in Schwärmen. Auch entsprechende Teile von Fließgewässern werden bewohnt. Die Sonnenbarsche sind sowohl für ungeheizte Aquarien als auch für Gartenteiche geeignet, sollten jedoch möglichst in Aquarien überwintern, da einige Arten sehr tiefe Temperaturen über längere Zeit schlecht vertragen. Große Aquarien von mindestens 1 m Länge, mit guter Filterung und Belüftung sowie sehr gute Beleuchtung, dazu heller Bodengrund und reiche Bepflanzung sind Vorbedingungen für eine erfolgreiche Haltung. Sagen den Fischen

alle Bedingungen zu, dann bieten sie mit ihrer schönen Beflossung ein eindrucksvolles Bild, auch schreiten sie dann willig zur Nachzucht. Alle treiben Brutpflege; nachdem sie in einer ausgefächelten Grube im Sandboden abgelaicht haben, pflegt und bewacht das männliche Tier den klumpigen Laich. Die Pflege kann sich noch über drei Wochen auch auf die Jungfische erstrecken. Oft gelingt die Zucht nur im Gartenteich. Alle haben als Bewohner der gemäßigten Zone eine bestimmte Laichperiode im Jahr. Sonnenbarsche nehmen Futter aller Art, ältere Tiere müssen jedoch unter Umständen erst an Flockenfutter oder Sticks gewöhnt werden.

Die reiche Süßwasserfischfauna Nordamerikas hat uns im übrigen nur wenige Arten für das Aquarium geliefert und ist auch im eigenen Lande wenig gefragt. Die zu den Killifischen gehörenden *Fundulus*-Arten sowie der Floridakärpfling *Jordanella floridae* sollen an dieser Stelle nur erwähnt werden.

Zwerg- oder Schwarzbarsch *(Elassoma evergladei)*

Kleiner Barsch von nur 3,5 cm Länge. Bei Aquarienhaltung ist kühle Überwinterung erforderlich. Für kleine Aquarien bestens geeignet, nicht mit großen Fischen vergesellschaften, Zucht einfach, Geschlechter in Färbung und Körperbau leicht unterscheidbar. Die sehr kleinen Jungfische werden von den Eltern nicht verfolgt. Liebt dichte Bepflanzung. Geht willig an Flockenfutter.

Diamantbarsch
(Enneacanthus obesus)
Diese kleinere Art ist in Bezug auf Wassertemperaturen etwas anspruchsvoll, sie ist deshalb im Gartenteich nur bedingt haltbar, im Aquarium aber eine der schönsten Arten mit großen, rotbraun gefärbten Flossen. Dichte Pflanzenbestände und feiner Bodengrund, in den sie sich gern eingraben, sind angebracht. Etwas scheu. Schwarmhaltung.

Pfauenaugenbarsch *(Centrarchus macropterus)*
Verliert seine markante Zeichnung im Alter, wird selten aber größer als 12 cm. Schöne Beflossung. Lebendfutter aller Art.

Scheibenbarsch
(Enneacanthus chaetodon)
Kleiner bleibende Art (bis etwa 10 cm). Ruhiger Fisch, der auch im Aquarium die Ruhe liebt. Nicht für Gesellschaftsaquarien geeignet. Wohl die schönste Art. Sehr empfindlich gegen Wasserverschmutzung. Kein weiches Wasser verwenden (mind. 10° dH).

**Sonnenbarsche
der Gattung *Lepomis***
Drei Arten wurden vorwiegend eingeführt. *L. auritius*, *L. cyanellus* und der stellenweise eingebürgerte, schön gefärbte, aber sehr räuberische *L. gibbosus*, nach der Zeichnung in USA als Kürbiskernbarsch bezeichnet. Bei uns in den Seitengewässern des badischen Rheingebietes eingebürgert. Geht, wenn eingewöhnt, an alle Futterarten, Laichräuber. Die Abbildung zeigt *L. gibbosus*.

Amerikanischer Hundsfisch
(*Umbra pygmaea*)

Die in Südosteuropa beheima-
tete seltene Art *Umbra krameri*
spielt als Aquarienfisch keine
Rolle, dagegen wird der amerikanische Hundsfisch aus Tief-
landgewässern von Long Is-
land bis zum Neuse River öfter
angeboten. Entwichene Fische
leben stellenweise in heimischen Wildgewässern. Die Art
unterscheidet sich von der europäischen durch drei Stachel-
strahlen in der Rückenflosse
gegenüber einem bei *U. krameri*.
Friedlicher und anspruchsloser Fisch, der ruhige, gut be-
pflanzte Aquarien liebt. Einfache Art der Brutpflege: Weibchen bewacht das Gelege.
Kann im Notfall seinen Sauerstoffbedarf der atmosphäri-
schen Luft entnehmen.

Katzenwels

Zwergwels, Katzenwels
(*Ictalurus nebulosus*)

Dieser bei uns klein bleibende
Wels aus Gewässern östlich
der Rocky Mountains ist in
Europa stellenweise verwildert
und wird in Teichwirtschaften
gelegentlich gezüchtet. Liebt
Höhlenverstecke. Sehr an-
spruchslos. Nehmen Futter aller Art, auch kleinere Fische.
Schlimmer Laichräuber.

Asiatische Kaltwasserfische

Aus Ostasien stammen zwei ursprünglich als Wildfische vorkommende oder dort eingeführte Cypriniden. Es sind der **Goldfisch** *(Carassius auratus)* mit vielen oft bizarren Zuchtformen und der **Zier- oder Farbkarpfen**, meist unter der japanischen Bezeichnung **„Koi"** bekannt *(Cyprinus carpio)*. Der Goldfisch ist als eines der meist gehaltenen und bestbe-

kannten „Haustiere" von so großer Bedeutung, daß im kommenden Kapitel ausführlich auf ihn eingegangen werden soll. Der Zierkarpfen schließlich spielt im Volksleben Japans eine überragende Rolle und ist dabei, auch Deutschland zu „erobern". In England wird er als schmückender Bewohner von Gartenteichen schon längere Zeit gehalten. Auch dem Zierkarpfen ist ein eigenes Kapitel gewidmet.

Kardinalfisch
(Tanichthys albonubes)
Der Fisch stammt aus China. Bei uns als Pflegling des geheizten Aquariums bestens bekannt. Gedeiht aber bei Zimmertemperatur und kühler Überwinterung wesentlich besser, was Zuchtergebnisse beweisen. Als Beifisch bei kleinen Goldfischformen sehr empfehlenswert. Bei Haltung im Teich sollte eine Überwinterung im Aquarium erfolgen. Im Zoo-Fachhandel sind auch Schleierformen erhältlich.

Drachenfisch
(Zacco platypus)
Dieser sehr robuste Cyprinide wird vereinzelt aus Japan eingeführt. Männchen ist schön gefärbt und befloßt. Räuberischer Allesfresser. Schnell, wendig und anspruchslos. Springt gern. Gut für den Gartenteich (wird bis 18 cm lang).

Silberkarpfen
(Hypophthalmichthys molitrix)

Aus Ostasien stammende, in Europa stellenweise eingebürgerte Fischart, die pflanzliches Plankton frißt. In Gartenteichen oft zur Bekämpfung von Algenblü-ten eingesetzt („Silberalgenkarpfen"). Kann bis 100 cm lang werden, meist jedoch wesentlich kleiner bleibend. Über längere Zeit auch mit feinstem Flockenfutter zu ernähren.

71

DER GOLDFISCH

Abstammung und Geschichte des Goldfisches

Am Grunde schlammiger, pflanzenreicher, stiller und vor allem warmer Gewässer, oft selbst in kleinsten Tümpeln und Viehtränken, lebt bei uns die Karausche, auch Moorkarpfen genannt, *Carassius carassius* (Linnaeus). Sie ist in ganz Mittel- und Osteuropa verbreitet und überall, besonders aber im Flachland bekannt. Obwohl man eine besondere Form, die Goldkarausche, kennt, ist unsere Karausche nicht die Stammform des Goldfisches und damit seiner formenreichen Sippe. Die wissenschaftliche Namensgebung ist hier etwas verwirrend, da Linné, der Begründer der wissenschaftlichen Namensgebung und Erstbeschreiber von Karausche und Goldfisch, den „Goldfisch" schon, bevor er die Stammform überhaupt kannte, 1758 als *Carassius auratus auratus*, beschrieb. Welches ist aber die Stammform?

In Ostasien vom Amur bis Hinterindien liegt das ursprüngliche Verbrei-

tungsgebiet des Giebels bzw. der Silberkarausche *(Carassius auratus gibelio* [Bloch]*)*. Von unserer Tümpelkarausche unterscheidet sie sich durch die Zahl der Schuppen (Karausche 31 bis 36, Silberkarausche 28 bis 32 in der Seitenlinie) und der Kiemendornen (Karausche 26 bis 31, Silberkarausche 39 bis 50), durch ein bräunliches bis schwärzliches Bauchfell, einen längeren Darm, anders geformte Schlundknochen und die auffällig silbrige Färbung. Immer fehlt auch der schwarze Schwanzfleck der Karausche. In der Körperform wird die Silberkarausche niemals so rund und hoch, sondern ähnelt in der Gestalt mehr dem schlanken Wildkarpfen.

Sie bewohnt in ihrer Heimat im Gegensatz zu unserer heimischen Karausche auch fließende Gewässer. Der Giebel ist mittlerweile in großen Teilen Europas weitverbreitet auch in Deutschland in vielen Gewässern heimisch geworden.

In der Literatur findet man bisweilen andere Angaben über Verwandtschaftsverhältnisse und Abstammung des Goldfisches.

Farbvarianten des Goldfisches ▶

Verschiedene Schleierschwanz-
formen asiatischer Herkunft. ▶

Die europäische Karausche *(Carassius carassius)* ist nicht die Stammform des Goldfisches.

So wird in China die auch in der Natur vorkommende goldene oder orangefarbene Form der Silberkarausche als Unterart des Giebels als *Gibelio auratus auratus* bezeichnet. Einige Wissenschaftler hingegen bezeichnen nur die in Ost- und Südosteuropa vorkommende Silberkarausche als Giebel *(Carassius auratus gibelio)*.

Wir wollen im folgenden die wissenschaftliche Nomenklatur verwenden und somit den ostasiatischen Giebel *Carassius auratus gibelio* als den „Stammvater" aller Goldfischrassen ansehen.

Entstehungs- und Import-Geschichte des Goldfisches

Der Goldfisch Chi-yu im alten China und in Japan

Die Entstehungsgeschichte des Goldfisches ist im chinesischen Kulturkreis mit vielen Legenden verknüpft, die ihn als himmlisches Geschöpf oder als Geschenk der Götter beschreiben. In alten, chinesischen Büchern, besonders bei den klassischen Poeten, finden sich die ersten Beschreibungen des Goldfisches Chi-yu

Blasenaugen chinesischer Zucht ▶

Die Stammform der viele heute erhältlichen Zuchtformen ist der Goldfisch in seiner einfachen Form.

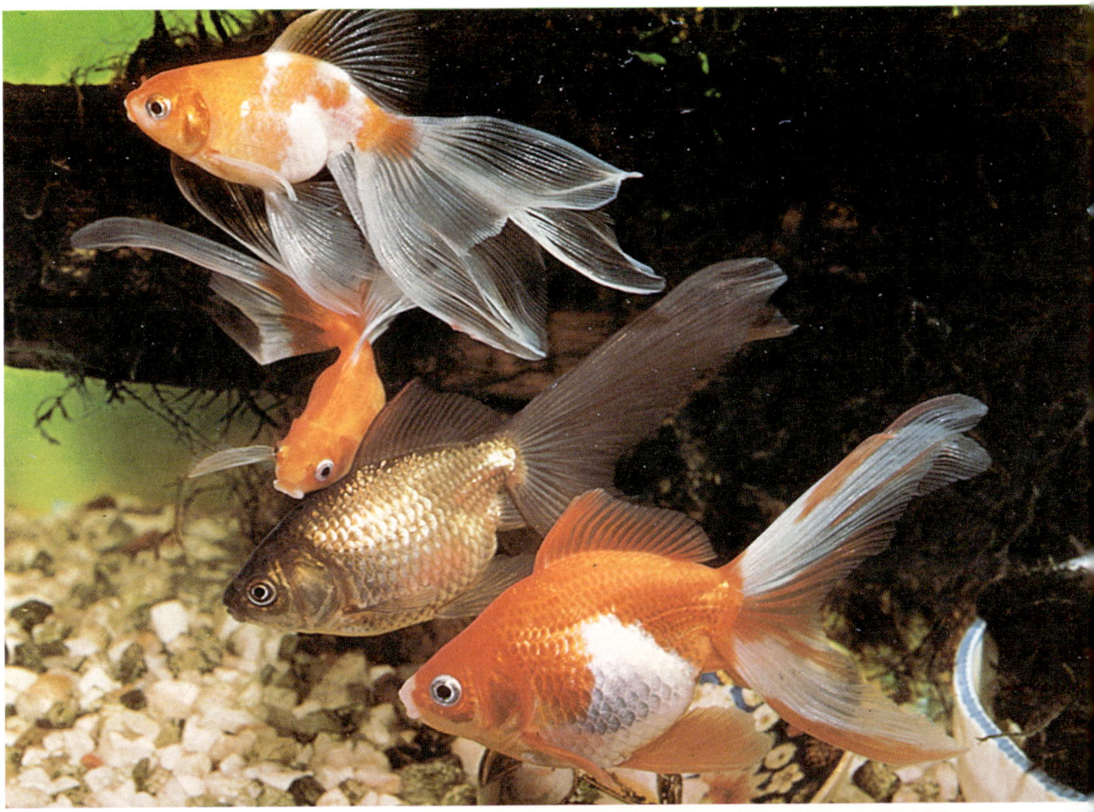
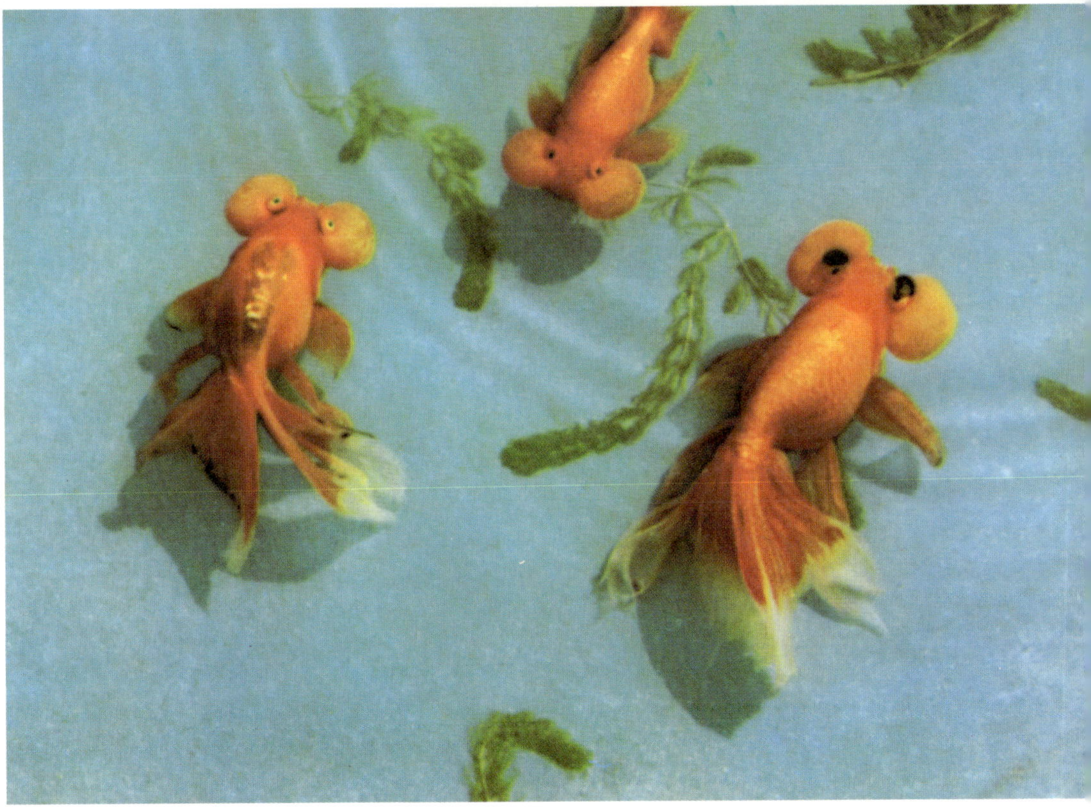

oder einfach Chi, wie die „goldene" Wildform der Silberkarausche in China genannt wird, vor über 1000 Jahren. In einigen schriftlichen Dokumenten sollen jedoch bereits viel früher – vor 2500 Jahren – goldene Fische erwähnt worden sein.

Aus den ersten Jahren der Sung-Dynastie (960 – 1279) stammt der älteste Be-richt über einen goldenen Fisch, den Chi-yu. Unter Gouverneur Ting Yen-tsam wurde in Kiahsing ein „Goldfisch-teich" geschaffen, wohl der erste, dem bald weitere in der Nähe von Pagoden, so in Hangtschou und Nanping folgten. Die goldenen Fische wurden als himmlische Wunder von Mönchen und Prie-

Hochrückiger Schwalbenschwanz

Japanischer Schleierschwanz und chinesischer Teleskop

stern betreut und gefüttert. Es war bei schwerer Strafe verboten, sie für profane Speisezwecke zu fangen. Chen nennt diese Zeit die Periode der Halbdomestikation. Besondere Farbvariationen scheint es nocht nicht gegeben zu haben, lediglich das Rot hat wohl schon verschiedene Abstufungen gezeigt. SuTse-meh (1008 bis 1048) spricht von Nuancen, die vom zarten Rosa der Pflaumenblüte bis zum Fleischrot am Kranichkopf reichen. In diesen natürlichen Teichen lebten die sog. Goldfische zusammen mit den Beständen der Wildform, aus denen sie ja entstanden waren.

Braunvioletter japanischer Schleierschwanz

Japanischer Schwalbenschwanz

Erst ab 1163 schuf man den goldenen Fischen am Hofe des Kaisers Hiau-tsung und auf den Besitzungen der hohen Mandarine besondere Kunstteiche, in denen die Fische von Berufspflegern versorgt und nun auch gezüchtet wurden. Die ersten Farbformen, gelbe, weiße und schwarzgefleckte, traten ab 1189 auf. Als Liebling des Adels wurde der Goldfisch allgemein bekannt und fand Eingang in die chinesische Literatur, vorher nur erwähnt, jetzt als Gegenstand vieler epischer und lyrischer Dichtungen.

Etwa um 1279 scheint diese Periode des Übergangs zur reinen Domestikation abgeschlossen. 1330 am Ende der Yüsan-Dynastie (Yuan-Dynastie) kommt der Goldfisch aus den südlichen Teilen des Landes erstmalig auch nach Peking. Von diesem Zeitpunkt an datiert die Ausbreitung der Goldfischhaltung im ganzen Land. Wer sich keinen eigenen Goldfischteich leisten konnte, hielt einige Fische in einer Schale oder einem irdenen Becken. Ab 1547 wird in der Dichtung deshalb auch der Goldfisch nicht mehr im Teich sondern in einer kunstvollen Schale besungen. Das Becken aus edler Jade blieb den oberen Schichten vorbehalten. Das breite Volk, dessen Liebling der Fisch nun inzwischen ebenfalls geworden war, nahm mit tönernen Gefäßen vorlieb.

Gegen Ende der berühmten Ming-Dynastie (1368–1644) hatte jeder Haushalt, ob arm oder reich, sein Goldfischbecken, sein „Aquarium". In dieser Zeit, der etwa nach 1547 zu datierenden Aquarienkultur, entstand die Mehrzahl der bekannten Zuchtformen. Die Entwicklung der paarigen Schwanzflosse, das Schwinden der Rückenflosse bei einzelnen Stäm-

men, schließlich die Entstehung von Himmelsauge, Blasenauge und Löwenkopf sind in der Zeit von 1488–1726 zu suchen. Erst danach am Ende der Ts'ing- bzw. Qing-Dynastie bis 1911 liegt wahrscheinlich die Entwicklungsphase von „Gänsekopf", „umgewendetem Kiemendeckel", „Nasenbouquet", „Perlschuppe" und anderen extremen Formen.

Die Beliebtheit des Goldfisches in China wuchs von Jahrhundert zu Jahrhundert und damit auch die Vielgestaltigkeit der entwickelten Formen. In ihnen konnte sich der chinesische Geschmack manifestieren, fast zwanglos entstanden groteske, bizarre und fast dämonische Gestalten. Nachdem der Fischkult von den höfischen Kreisen auch in das breite Volk getragen worden war, erfolgte seine Ausbreitung über das weitere Asien. Zunächst gelangte der Goldfisch nebst Verwandtschaft nach Korea, und es scheint, als habe sich dort dem andersartigen Geschmack entsprechend eine andere Zuchtrichtung entwickelt. Man weiß nichts genaueres darüber, könnte aber aus manchen Darstellungen solche Schlüsse ziehen. Von Korea aus gelangte der Goldfisch wahrscheinlich um 1500 nach Japan. Der japanische Geschmack ist ganz anders als der chinesische, er ist leichter, harmonischer und auch uns wohlgefälliger. Die Chinesen erfanden den Drachen, die Japaner die Kirschblüte! So sind auch die japanischen Fische aus der Sippe der Goldfische aparte feenhafte Gebilde, „schwimmende Blumen", die von oben betrachtet sein wollen. Die Japaner ließen es nicht mit dem Import bewenden und zogen sehr bald schon eigene Züchtereien auf.

Oranda, noch nicht erwachsen

Shubunkinfarbener Oranda

Aus zeitgenössischen Berichten ist bekannt, daß zwischen 1700 und 1710 eine Goldfischfarm nicht weit von Kyoto eingerichtet wurde; in der gleichen Gegend gibt es noch heute eine mit dem Gründungsjahr 1763. Mit der ihnen angeborenen Geduld und Zähigkeit widmeten sich die Japaner der Aufgabe, ihrem Geschmack entsprechend weitere Möglichkeiten zu entdecken und zu entwickeln, und im gleichen Tempo, mit dem in China mit dem Verfall der Mandarin-Kultur die Goldfischzucht nachließ, um schließlich gänzlich einzuschlafen, wurde Japan führend in der Zucht dieser Fische, die japanischen Formen wurden in der ganzen Welt bekannt.

**Chinesischer Schleierschwanz
(Sarasa-Ryukin)**

**Shubunkinfarbener chinesischer
Schleierschwanz (Kaliko-Schleier-
schwanz)**

**Der Goldfisch
in Amerika und Europa**

Schon früh, mit den ersten europäischen Reisenden (Marco Polo) gelangten Berichte über diese auffälligen Fische, die in China so weit verbreitet waren, auch nach Europa. Nur ein so harter Fisch wie der Goldfisch vermochte die endlosen und beschwerlichen Segelschiffsreisen der damaligen Zeit um das Kap der Guten Hoffnung herum zu ertragen. Es ist möglich, daß der erste lebende Goldfisch England schon während der Regierungszeit von James I. (1566 – 1625) erreichte.

Als authentisches Datum seiner Ankunft und zwar in Portugal (über Macao) wird das Jahr 1691 angegeben. 1728 erfolgte ein bestätigter Import durch Philipp Wort aus China. Etwas später, in der Mitte des 18. Jahrhunderts kam er auch nach Frankreich, und zwar aus China als Geschenk an Madame de Pompadour am Hofe Ludwig XV., die ja, bevor sie geadelt wurde, Jeanne Antoinette Poisson (d.h. Fisch) hieß. Sicher hatten die Schenker hier einen Hintergedanken!

In den warmen Klimaten Italiens und Portugals verwilderten dort hingebrachte Goldfische bald und verbreiteten sich. Aus dem solange verschlossenen Japan kamen Goldfische erst wesentlich später nach Europa. Auf diesen vor allem bauten sich die in England und Europa entstehenden Zuchtunternehmen auf. In Europa waren die ersten erfolgreichen Züchter, die wirklich Produkte von hohem Standard hervorbrachten, die Deutschen. So gab es 1870 eine Teichwirtschaft von Chr. Wagner in Oldenburg, die in mehr als 60 Teichen Goldfische zog. Tausend ausgefärbte Goldfische kosteten damals 250 bis 300 Mark. 1880 traten die Italiener in das Geschäft ein, besonders bei Bologna entstanden große Unternehmen. Das günstigere Klima gab ihnen die Möglichkeit, ertragreicher zu wirtschaften und deshalb billiger zu liefern, so daß sie bis auf den heutigen Tag in Europa führend blieben.

Alle diese Angaben über die Goldfischzucht bezogen sich bisher auf den einfachen Goldfisch, nicht auf die vielfältigen Formen der asiatischen Züchterkunst. 1872 brachte Paul Carbonnier angeblich aus Japan, wahrscheinlicher aus China über Indochina, einige Formen nach Paris, die durch ihre Gestalt und ihre Beflossung ungeheures Aufsehen erregten. Nach Deutschland brachte Paul Matte-Lankwitz 1883 die ersten japanischen Schleierfische. In Berlin lebende Japaner hatten bereits früher von merkwürdigen

Rotkäppchen,
Orandaform chinesiche Zucht

81

Chinesisches Drachenauge

Goldfischen mit schleierartigen Schwänzen erzählt. Paul Matte nahm Beziehungen zu einem deutschen Handelshaus in Japan auf, das derartige Fische aufkaufte und sie dem Kapitän eines Schiffes auf die damals lange Reise in Obhut gab. Eine erste Ladung verunglückte vollständig und von einer zweiten gelangten von 260 abgesandten Fischen ganze 28 kleine und heruntergekommene Tiere im Herbst 1883 in Hamburg in die Hände von Matte. 1885 endlich konnte er dann 24 hervorragend prächtige Fische in Empfang nehmen. Er hatte eine besondere Prämie für glückliche Überbringung ausgesetzt. Die sorgfältig weitergezüchteten Fische wurden die Stammfische des später so berühmten „Stamm Matte". Diese vor allen Dingen durch hervorragenden Flossenbau ausgezeichneten Fische gaben ihre guten Eigenschaften trotz späterer Nachlässigkeit in der Zuchtauswahl durch viele Generationen weiter.

1878 brachte Rear Admiral Daniel Ammon die ersten Fische aus Fernost in die USA und schenkte sie dem United States Fish Commissioner. In der Regierungszüchterei in Washington wurden sie dann weiter gezüchtet. In der Folge wurden von privater Seite große Mengen von japanischen Goldfischen nach USA importiert, denen sich Importe aus Europa anschlossen. Heute haben die Vereinigten Staaten neben Japan die größten Züchtereien und Teichwirtschaften für diese Fische in der Welt überhaupt.

Zucht,
Aufzucht und Zuchtwahl

Sind die Fische richtig, d.h. kühl aber frostfrei überwintert worden und geschlechtsreif, wird man sie im sonnenwarmen Wasser des Gartenteiches an einer flachen Stelle eines Tages bei lebhafter Laichtätigkeit beobachten. Gutgepflegte Goldfische können schon mit zehn Monaten geschlechtsreif werden, doch werden vom Züchter selten Tiere vor dem zweiten Jahr verwendet. Je nach der Temperatur liegt die Laichperiode in der Zeit von März bis August. Die laichreifen Tiere sind leicht zu unterscheiden. Beim Männchen ist die Aftergegend von der Seite gesehen etwas eingesenkt, beim Weibchen schwach vorgewölbt. Beim Männchen zeigen sich während der Laichperiode auf den Kiemendeckeln und den ersten Strahlen der Brustflossen helle knotenartige Gebilde, der sog. Laichausschlag. Die Weibchen fallen gleichzeitig durch ihren oft starken Leibesumfang auf. Man wähle zur Nachzucht nur wirklich schöne Fische aus, Tiere mit einwandfreiem Körperbau und intensiver Färbung, möglichst auch solche, die sich schon frühzeitig, spätestens im Alter von zwei bis drei Monaten umgefärbt haben. Nur bei diesen ist Aussicht, daß sich auch die Nachkommen zum größten Teil bei richtiger, sorgfältiger Zuchtwahl bis zu 95% umfärben. Es ist nicht schwer, den Goldfisch auch in einem großen, vor allem langen Aquarium, in dem die Fische genügend Raum zum Schwimmen haben, zum Ablaichen zu bringen. Am besten wird ein großes geschlechtsreifes Weibchen mit 2 bis 3 Männchen zusammengesetzt. Bodenfüllung ist nicht nötig, dagegen sollte der Boden des Ablaichbehälters mit feinen Pflanzenpolstern wie Quellmoos, *Nitella, Myriophyllum (Egeria* ist weniger geeignet) oder wie heute allgemein üblich mit Perlongespinst dicht belegt werden. Die Pflanzen sind mit Glasstäben oder Kie-

Perlschuppe chinesischer Zucht (Chunshuyui)

83

seln festzulegen. Das Laichen findet nach äußerst heftigem Treiben, beginnend in den frühen Morgenstunden, meist gegen Mittag den Höhepunkt erreichend, am liebsten bei Sonnenschein statt. Es werden große Mengen von Eiern ausgestoßen, die bei den heftigen Bewegungen der Elterntiere durch das ganze Becken wirbeln. Da die Alttiere dem Laich eifrig nachstellen, sind sie nach dem Ablaichen aus dem Aquarium zu entfernen und getrennt zu setzen, da das meist sehr abgetriebene Weibchen sonst von dem Männchen noch weiter gehetzt wird. Die Aufzucht der nach etwa fünf bis sieben Tagen schlüpfenden sehr zarten Brut bereitet keine Schwierigkeiten. Die oft empfohlene Fütterung zunächst mit Aufgußinfusorien ist in der Praxis wegen der notwendigen Mengen nicht anwendbar. Die sehr gefräßige und schnellwüchsige Brut kann im Notfalle nach altem chinesischen Rezept, das wohl noch überall auf der Welt Anwendung findet, mit in einem Haar-

sieb fein zerriebenem hartgehochten Eigelb gefüttert werden, auch zerriebene Daphnien und Tubifex werden empfohlen. Ein großer Nachteil all dieser Behelfsmittel ist die mit ihrer Verfütterung verbundene Belastung des Wassers mit Fäulnisstoffen. Die modernen Flockenfuttermittel haben diesen Nachteil nicht mehr, sie sind außerdem von großem Nährwert und beschleunigen das Wachstum.

Im Gartenteich muß man die Entwicklung der Brut dem Zufall überlassen, es kommt aber immer eine ganze Anzahl von Jungen hoch. In den Teichwirtschaften wird ähnlich wie in der Karpfenzucht verfahren. Meist werden die laichreifen Alttiere vorsichtig gestreift, um eine möglichst große Zahl von befruchteten Eiern zu bekommen und den Zufall auszuschalten. Die Methode darf jedoch nur von versierten Fachleuten durchgeführt werden, da sonst ein großes Verletzungsrisiko für die Fische besteht. Der wichtigste

Chinesischer Teleskop

84

Blasenauge (Suihogan)

Punkt für einen Erfolg sind bei dieser Methode geschlechtsreife Fische. Die getrennt zu haltenden Männchen und Weibchen müssen in einem Zustand sein, den man in der Teichwirtschaft als „fließend" bezeichnet, d. h. bei leichtem Druck auf die Bauchseite muß der herausgefangene Fisch entweder eine milchig trübe Flüssigkeit ($\male\male$) oder Eier ($\female\female$) abgeben. Die Schwierigkeit liegt meist in der rechtzeitigen Bereithaltung genügend reifer Männchen. Hat man ein reifes Paar zur Hand, so wird zunächst das eine Tier, dann das andere, die Reihenfolge ist gleichgültig, so in die Hand genommen, daß die Afteröffnung unterhalb der Wasseroberfläche liegt. Durch vorsichtiges Streichen von vorn nach hinten längs der Bauchseite werden bei leichtem Druck die Geschlechtsprodukte ins Wasser befördert und miteinander verrührt. Man benützt hierzu kleinere Behälter von etwa 2 Liter Inhalt verschiedener Art, die später in die Aufzuchtteiche entleert werden, in denen sich die schlüpfende Brut schnell verteilt. Man kann auf diese Weise von einem Paar Zuchten von hunderttausend und mehr erzielen. In den kleineren Züchtereien Japans und Amerikas werden heute Zementbecken für die Zucht bevorzugt. Es werden meist drei Männchen und zwei Weibchen genommen, in großen Teichen gleichviele Tiere von beiden Geschlechtern. In Japan liegt die Laichzeit etwa von Anfang April bis Mitte Mai. Der Erfolg hängt von der richtigen Fütterung und Haltung in den Monaten September, Oktober und November des Vorjahres ab. In dieser Zeit darf mit lebendem Futter nicht gespart werden. Naht die Laichzeit, werden die Geschlechter getrennt und den Tieren kein frisches Wasser mehr zugeführt, jedoch werden sie etwa zehn Tage vorher mit Mückenlarven, Tubifex und Regenwürmern reichlich gefüttert.

85

Den Tag des Ablaichens hat man insofern in der Hand, als das Wasser in dem Ablaichbecken einen Tag vorher erneuert und mit den Fischen besetzt wird. Als „Laichbett" wird *Myriophyllum verticellatum* verwendet. Das Ablaichen findet dann mit ziemlicher Sicherheit am folgenden Morgen statt. Nachdem die geschlüpfte Brut ihren Dottervorrat aufgezehrt hat, werden die jungen Fische mit Eigelb hartgekochter Eier gefüttert, das in Wasser aufgeschlemmt und durch Seidengaze geseiht wird. Auf zwei Eigelb kommen etwa 10 ccm Wasser. Die Mischung wird solange gerührt, bis sie einheitlich gelb ist und dann im Becken gleichmäßig verteilt. Nach sieben Tagen Eigelbfütterung folgen kleine Krebse (gesiebte Daphnien) für 15 Tage, dann sind die kleinen Fische schon so weit, daß sie Mückenlarven und gekochte Regenwürmer annehmen.

Ein ideales Aufzuchtfutter sind weiterhin frischgeschlüpfte Salinenkrebse *(Artemia)*, die allerdings besondere Aufzuchtgefäße erfordern. Will man eine Auswahlzucht mit dem Ziel betreiben, die Zahl der sich nicht umfärbenden Fische, also Rückschläge nach der Wildform, zu verringern, empfiehlt es sich, nach dem Vorbild der Japaner gut übersichtliche, kleinere Aquarien zu verwenden, in denen man die sich entwickelnden Jungen genau beobachten kann.

Die sich zuerst umfärbenden Jungfische werden sorgfältig herausortiert, um als Grundstock für kommende Zuchttiere zurückgestellt und besonders gepflegt zu werden. Bei stetiger Wiederholung dieser Auslese kann man zu Beständen kommen, die sich frühzeitig und fast hundertprozentig umfärben.

Wenn sich die Tiere hingegen selbst überlassen sind, nimmt der Anteil der Wildformen immer mehr zu. Von besonderer Bedeutung ist auch die Auslese auf Grund der anderen Farben, die man ebenfalls durch Zuchtwahl zu lenken vermag.

Zucht, Methoden und Aufzucht der Goldfisch-Rassen

Die Zucht der vielen Goldfisch-Formen verläuft genau wie bei der Normalform, nur daß hier eine Freilandzucht in unseren europäischen Breiten wenig Erfolg verspricht. Da außerdem eine besonders strenge Zuchtauswahl nötig ist, sollten vorzugsweise Aquarien verwendet werden.

Die oft monströsen Formen verhalten sich genau wie der vorstehend beschriebene Goldfisch. Von noch größerer Wichtigkeit als bei der Normalform ist strengste Auslese des Zuchtmaterials und eine ständige Durchsortierung der Nachwuchstiere, sobald sie mit der Aufspaltung der Flossen beginnen. Da auch in diesen Zuchten in großer Zahl zunächst einfache Tiere entstehen, die den Vorzug größerer Lebenstüchtigkeit gegenüber den Zuchtformen haben, müssen letztere, damit sie in der Entwicklung nicht zurückbleiben, herausortiert werden. Je besser die Zuchttiere sind, um so größer ist auch die Anzahl der erwünschten Nachzuchttiere. Doch dauert es sehr lange und bedarf vieler Generationen, um auf einem solchen Grundstock aufbauend zu vollendeten Tieren zu gelangen. Bei den Formen mit den Augenveränderungen wie Teleskop, Himmels- und Blasenauge ist die Zahl mit normalen Augenformen unwahrscheinlich hoch. Man kann Zuchten z. B. beim Blasenauge erleben, in denen nicht ein einziger, den Elterntieren gleichender Jungfisch zu finden ist.

Der Laichakt verläuft auch bei diesen ruhigen, schwerfällig erscheinenden Geschöpfen mit einer stürmischen Lebhaftigkeit, die man ihnen kaum zugetraut hätte. Zwischen den einzelnen Phasen des Ablaichens werden hier meist kurze Ruhepausen eingeschaltet, in denen man schnell die zum Ablaichen benutzten Pflanzenbüschel entfernen oder durch neue überdecken kann, um den Laich vor den gefräßigen Elterntieren zu schützen. Bleiben die Fische schließlich ruhig, völlig ermattet und ohne Interesse füreinander am Boden oder in den Ecken des Behälters liegen, kann das Laichen als abgeschlossen angesehen und die Tiere können entfernt werden. Die Aufzucht der Jungen erfolgt in der schon beschriebenen Weise, jedoch sollte man nach 14 Tagen mit der ersten Sortierung beginnen. Von oben betrachtet sind die doppelschwänzigen meist auch größeren Tiere zu unterscheiden. Nach weiteren zwei Wochen sind Qualitätstiere dann schon am gleichmäßigen Flossenansatz und kurzem, aber harmonischen Körperbau erkennbar. Sie sollten besonders gepflegt werden. Die Brut ist sehr sauerstoffbedürftig. Eine gute Durchlüftungsanlage und häufiger Wasserwechsel, wobei den Temperaturen und der Qualität des Wassers besondere Aufmerksamkeit zu schenken ist, sind eine Notwendigkeit. Die Fruchtbarkeit der doppelschwänzigen Formen ist wesentlich geringer als die der Stammform. Je nach Größe des Weibchens kann man mit achthundert bis einigen tausend Eiern rechnen, noch schlechter ist das Ergebnis bei den Formen mit monströsen Augen. Diese durch die Einengung ihres Sehvermögens – sie sind meist hochgradig kurzsichtig – noch unbeholfeneren Tiere befruchten den abgelegten Laich sehr schlecht. Die Verwendung einer größeren Zahl Männchen pro Weibchen ist hier deshalb besonders wichtig. Die Jungfische lassen die Augenentwicklung erst nach etwa 1/4 Jahr erkennen. Bei einer zu frühzeitigen Sortierung läuft man Gefahr, die sich oft erst besonders spät entwickelnden besten Tiere mit auszusortieren.

Der Reiz für den Berufszüchter ebenso wie für den Amateur liegt, wie wohl schon aus dem bisher Gesagten spürbar wurde, in der Vielfalt der Möglichkeiten, die dem Züchter in die Hand gegeben sind. Denn nach der Reinzucht der einzelnen Eigenschaften besteht nun die Möglichkeit, diese zu kombinieren, oft ein „Glücksspiel", bei dem große Erfahrung und Geduld Voraussetzung sind. Der erfahrene Züchter wird auch noch andere Dinge herausfinden. So entstehen auch bei guten Zuchttieren in der Nachzucht stets einige sogenannte Kometenschweife, Tiere mit einfacher, aber wallender, verlängerter Schwanzflosse. Stimmen Körpergestalt und Beschaffenheit der übrigen Flossen mit den doppelschwänzigen Elternteilen überein, so sind diese Kometen im männlichen Geschlecht hervorragend für die Nachzucht guter Doppelschwänze geeignet, da sie lebendiger, behender und lebhafter sind als diese, von denen man dann nur die Weibchen zur Zucht verwendet. Man kann aber natürlich nur solche Kometen verwenden, die von hochwertigen doppelschwänzigen Elterntieren abstammen, nicht solche mit der gestreckten Gestalt der Wildform.

Bei diesen Goldfischformen ist eigentlich alles veränderlich und damit die Zahl der möglichen Koppelungen und Kombinationen nahezu unerschöpflich. Veränderungen sind bisher bekannt von folgenden Teilen des Fischkörpers: Körpergestalt; Flossen (-Länge, -Form und -Anzahl); Augen; Kiemendeckel; Mund; Nasenanhänge; Kopfhaut; Beschuppung (Größe, Anzahl und Gestalt der Schuppen); schließlich noch die Färbung.

Im Interesse einer Wiederbelebung der Haltung dieser eigenartigen Geschöpfe dürfte es jedoch angebracht sein, den Richtlinien z. B. der englischen Zuchtvereinigungen zu folgen und die Zahl der Formen zu begrenzen und zwar dahin, daß nur die bisher wirklich einwandfrei zu vererbenden Eigenschaften in einer begrenzten Anzahl von Formen in ebenso begrenzten Kombinationen erhalten werden. Für diese Formen ist ein besonderer Standard aufgestellt worden, der vor allem auf den jährlichen Leistungsschauen eine Bedeutung hat. Eine derartige Beschränkung ist für die qualitative Durchzüchtung der Formen von besonderem Vorteil.

In Deutschland ist eine derartige Zuchtmethodik bisher weniger beliebt, die Maßstäbe sind aber weit gesteckt.

Eine Sammlung hübscher kleiner Schleierschwänze der Typen „Sarasa-Ryukin", Calico-Ryukin und Orandas.

Krankheiten und ihre Behandlung

Er würde den Rahmen dieses Buches überschreiten, wenn alle Krankheiten, an denen Kaltwasserfische erkranken können, detailliert beschrieben werden sollten. Deshalb werden im folgenden nur die häufigsten und wichtigen Infektionen und Nicht-erregerbedingten Erkrankungen aufgeführt. Im Fachhandel sind viele Bücher erhältlich, die über das Themengebiet Fischkrankheiten genauer informieren. Für eine sichere Diagnose der meisten parasitären Erkrankungen ist ohnehin ein gutes Mikroskop, sowie Präparierbesteck erforderlich, für bakterielle Erregernachweise darüberhinaus eine komplette Laborausrüstung, die nur Tierärzten oder bestimmten Untersuchungsstellen zur Verfügung stehen.

Ganz allgemein gilt, daß artgerecht gehaltene Fische in optimalen Wasserverhältnissen und bei guter Fütterung mit qualitativ hochwertigem Markenfutter nur selten ernsthaft erkranken. Eine möglichst dreiwöchige Quarantäne vor Neubesatz und gute allgemeine Teich- und Aquarienhygiene vermindern zusätzlich das Krankheitsrisiko, denn – Vorbeugen ist besser als Heilen!

Bakterielle Infektionen

Bakterielle Infektionen führen besonders in verschmutztem Wasser und bei geschwächten oder gestreßten Fischen zu ernsthaften Erkrankungen. So führt z. B. eine (zu kalte) Überwinterung vieler Goldfisch-Zuchtformen im Teich häufig im Frühjahr zu Flossenfäule oder der gefürchteten Bauchwassersucht und Erythrodermatitis. Die Flossenfäule wird vorrangig durch Bakterien der Gattungen *Aeromonas* und *Pseudomonas* hervorgerufen und führt zu ausgefransten Flossen und völliger Flossenreduktion. Erste Anzeichen sind weißlich gesäumte und ausgefranste Flossenränder.

Eine weitere Infektion der Schleimhäute, Flossen und Kiemen ist unter den Namen Maulpilz, Fischschimmel oder Columnaris-Krankheit bekannt und wird durch Myxo- oder Flexibakterien verursacht. Typische Symptome sind ein baumwollartiger Flaum sowie Entzündungen in Haut und Muskulatur.

Beide Erkrankungen werden meist durch eine Verbesserung der Umweltbedingungen und Stärkung der Kondition der Fische vermieden bzw. bekämpft.

Die Bauchwassersucht der Karpfenfische wird vorrangig durch Bakterien der Gattung *Aeromonas* ausgelöst, die Entzündungen der inneren Organe verursachen. Typische Symptome sind der durch körpereigene Flüssigkeit in der Leibeshöhle (Bauchwasser, Ascites) aufgetriebene Leib, Entzündungen und Geschwürbildung, sowie Schuppensträube (Tannenzapfen-Effekt) und Glotzaugen (Exophthalmus). Besonders Koi können auch von einer Virusinfektion befallen werden (Frühlingsvirämie der Karpfen, SVC), die gleiche Symptome zeigt.

Auch hier ist eine Verbesserung der Lebens- und Umweltbedingungen eine der wichtigsten Therapiemaßnahmen. Bei besonders schwerwiegenden Krankheitsausbrüchen und bei sehr virulenten Erre-

Besonders Goldfischzucht-
formen, wie diese Schleierschwänze, sind für bakterielle
Infektionen und Pilzbefall an
ihren ausgezogenen Flossen
anfällig. ◂ ▸

Diagnose sei jedoch dringlichst gewarnt, da der Schaden, z. B. Resistenzbildungen, meist größer als der Nutzen ist.

Generell sollten Antibiotika niemals in Teichen oder eingerichteten Aquarien sondern nur in separaten Quarantäneaquarien eingesetzt werden, da viele Mikroorganismen wie die wichtigen Filterbakterien geschädigt oder abgetötet werden.

Pilzerkrankungen

Pilzbefall stellt fast immer eine Sekundärinfektion dar, die besonders in Folge bakterieller Infektionen, stärkerem Ektoparasitenbefall oder bei Verletzungen oder Geschwüren auftritt. Die infizierten Stellen werden dabei von wattebauschähnlichen Pilzhyphen der Pilze *Saprolegnia* und *Achlya* überwuchert.

Im Zoo-Fachhandel sind geeignete Heilmittel erhältlich, allerdings sollte in jedem Fall die primäre Krankheitsursache untersucht und bekämpft werden.

gern sollten antibakteriell wirkende Heilmittel oder, unter Aufsicht eines Tierarztes, Antibiotika eingesetzt werden.

Vor einem Einsatz von Antibiotika (verschreibungspflichtig!) bei unsicherer

91

Ektoparasiten (Außenparasiten)

Es gibt eine Vielzahl von Ektoparasiten, die zusammenfassend in Einzeller *(Protozoa)*, Saugwürmer *(Trematoda)*, Kleinkrebse *(Crustacea)* und Egel *(Hirudinea)* unterteilt werden können.

Eine der bekanntesten parasitären Infektion der Schleimhaut und Kiemen ist die Weißpünktchen- oder Grießkörnchen-Krankheit, die durch das Wimpertierchen (Ciliata) *Ichthyophthirius multifiliis* hervorgerufen wird. Dieser Parasit bildet die typischen bis 1 mm großen, weißen „Pünktchen", die den Fisch bei starkem Befall wie mit Grieß überstreut aussehen lassen. Weitere Symptome sind Flossenklemmen, schießende Schwimmbewegungen, Scheuern und erhöhte Atemfrequenz. Im Zoo-Fachhandel sind geeignete Heilmittel erhältlich, die im Teich oder Aquarium eingesetzt werden können.

Als Hauttrüber sind einige Geißel- und Wimpertierchen *(Flagellata* und *Ciliata)* bekannt, die zu einer Eintrübung der Schleimhaut, verstärkter Schleimproduktion und bei starkem Befall zu Entzündungen und Hautablösungen führen. Die Symptome sind neben den Hautveränderungen Flossenklemmen, schießende Schwimmbewegungen, Scheuern und bei Befall der Kiemen erhöhte Atemfrequenz und Atemnot. Zu den Flagellaten gehört *Costia*, zu den Ciliaten *Trichodina*, *Chilodonella* und *Glossatella*. Im Zoo-Fachhandel sind geeignete Heilmittel erhältlich, im übrigen fördern Überbesatz und schlechte Umweltbedingungen eine Massenentwicklung dieser Parasiten.

Zu den monogenen Trematoden, d. h. Saugwürmer ohne Generationswechsel gehören die Kiemen- und Hautwürmer *Dactylogyrus* und *Gyrodactylus*. Die Symptome gleichen denen einzelliger Hauttrüber (siehe oben). Die Behandlung gestaltet sich unter Umständen schwieriger, weshalb die befallenen Fische immer in separaten Aquarien behandelt werden sollten. Zur Therapie sind Markenheilmittel wie Gyrotox® oder verschreibungspflichtige Medikamente wie Masoten® (Bayer) geeignet, die jedoch nur unter tierärztlicher Aufsicht und niemals im Teich eingesetzt werden sollten.

Zu den Ruderfußkrebsen *(Copepoda)* zählen die Karpfen- bzw. Fischläuse der Gattung *Argulus* und „Ankerwürmer" der Gattung *Lernaea*. Beide Kleinkrebse sind mit bloßem Auge erkennbar. *Argulus* ist etwa 5 mm groß und schildförmig abgeplattet. Auf der Unterseite sind zwei große Saugnäpfe erkennbar, mit denen sich der Parasit am Wirtsfisch festheftet. *Lernaea* sieht wie ein bis 1 cm langes weißliches Stäbchen aus, an dessen freiem Ende zwei Eisäckchen erkennbar sind. Der Parasit ist mit dem ankerförmigen Kopfende in der Haut verhakt. Beide Parasiten leben von Blut und Körpersäften des Wirtsfisches. Befallene Fische sind unruhig und scheuern sich. Bei starkem Befall erfolgen eine Abmagerung, Entzündungen und sekundäre bakterielle Infektionen. Die Kleinkrebse werden wenn möglich mit einer Pinzette abgesammelt, Kurzbäder in einer 3%igen Kochsalzlösung veranlassen die Parasiten meist, den Wirtsfisch zu verlassen. Durch das verschreibungspflichtige Masoten® (Bayer) und ähnliche Stoffe werden

Kleinkrebse sicher abgetötet. Setzen Sie diese Mittel jedoch niemals im Teich ein, da auch andere nützliche Kleinkrebse und Würmer geschädigt oder abgetötet werden.

Verhältnismäßig selten werden Fischegel *Piscicola geometra* in Teiche oder Aquarien eingeschleppt. Die bis zu 4 cm langen, charakteristisch gezeichneten Egel besitzen zwei Saugnäpfe und saugen das Blut der Wirtsfische. Eine Behandlung sollte wie bei Kleinkrebsen beschrieben erfolgen.

Endoparasiten (Innenparasiten)

Endoparasiten wie Geißeltierchen der Gattung *Hexamita* oder ähnliche Arten und verschiedene Band- und Rundwürmer oder Kratzer *(Cestoda, Nematoda* oder *Acanthocephala)* spielen unter den parasitären Erkrankungen meist eine untergeordnete Rolle, da bedingt durch einen komplizierten Entwicklungszyklus mit Zwischen- und Endwirten meist keine Übertragungsmöglichkeit im Teich oder Aquarium besteht. Am häufigsten treten noch Bandwürmer z. B. *Bothriocephalus spec.* im Darm oder Larvenstadien (Finnen) in inneren Organen und Leibeshöhle auf. So sind bei Weißfischen manchmal sogenannte Riemenwürmer *Ligula* oder bei Stichlingen *Schistocephalus*-Larven nachzuweisen.

Sporozoen sind die Erreger der Beulen- oder Knötchenkrankheiten, die kugelige, meist weißliche Cysten in Haut, Kiemen und inneren Organen verursachen. *Myxobolus*-Arten befallen häufig karpfen- und barschartige Fische, natürliche Stichlings-Bestände sind oft stark mit *Glugea anomala* durchseucht.

Umweltbedingte Krankheiten

Zu diesem Krankheitskomplex zählen vor allem Schädigungen durch zu hohe oder niedrige pH-Werte (Laugen- und Säurekrankheit); Vergiftungen durch Ammoniak und Nitrit bei Überbesatz oder geschädigten Filterbakterien; Sauerstoffmangel durch fehlende Belüftung, Überbesatz und zu hohen Temperaturen; Vergiftungen durch Chlor oder Schwermetalle, die durch Tetra AquaSafe-Zugabe beim Wasserwechsel vermieden werden können; und Mangelerscheinungen durch ungeeignetes oder minderwertiges Futter. Derartige Erkrankungen können durch artgerechte Haltung unter Vermeidung von Überbesatz, durch optimale Wasserqualität und regelmäßige Überprüfung der wichtigsten Wasserwerte sowie durch vernünftige Fütterung mit qualitativ hochwertigen Marken-Futtermitteln vermieden werden.

Alter der Fische

Sehr häufig wird über das Alter von Fischen diskutiert. Bei guter Pflege können Goldfische sicherlich älter als 10 Jahre werden, aus Japan und China wird berichtet, daß einige Tiere 20 ja sogar 40 Jahre alt wurden. Koi werden oft wesentlich älter. Die meisten einheimischen Kaltwasserfische haben eine Lebenserwartung von mehreren Jahren, wobei einige karpfenartige Weißfische sicherlich älter als 5 – 10 Jahre werden können.

Die verschiedenen Goldfischformen

Auf der ganzen Erde, vorrangig jedoch in Ost- und Südostasien, werden heutzutage eine Vielzahl von Goldfisch-Rassen und Varietäten gezüchtet und im Handel angeboten. Auf den folgenden Seiten werden die häufigsten und allgemein anerkannten Zuchtformen beschrieben, auf Zwischenformen oder nur regional verbreitete Rassen wurde im wesentlichen verzichtet. Die Gruppeneinteilung wurde nach körperlichen Veränderungen ausgehend von der Normalform des Goldfisches und den Kombinationen dieser Veränderungen geordnet. Häufige Variationen, besonders farbliche, werden bei den Einzelbeschreibungen mit aufgeführt.

Der „Sarasa Oranda", eine Goldfischform, hier zwei Spitzentiere. ▶

94

> **GRUPPE A**
> **Der Körper gleicht völlig der Wildform, die Färbung ist immer verändert, die Flossen können teilweise verändert sein**

1. **Der gewöhnliche Goldfisch, Wakin**
   (franz. Goldfish commun
   Carassin doré;
   engl. Common Goldfisch)

Alle Teile des Fischkörpers gleichen der wilden Stammform, keine Flosse ist vergrößert oder verändert. Völlig abweichend ist jedoch die Färbung. Es kommen reinweiße Tiere vor mit leichtem rosa Schimmer, solche mit starkem Perlmuttglanz, graue, bronzefarbene, braune, gold- oder messingfarbene gelbe, orangefarbene und schließlich hochrote. Die einzelnen Färbungen können noch mit schwarzen und weißen Flecken versehen sein. Bei den weißen und rötlichweißen Formen kommen scheinbar nackte mit sehr dünnen Schuppen nicht selten vor. Die begehrtesten sind die tiefroten Goldfische mit vollständiger Beschuppung.

Eine sehr große, meist tiefrote Rasse des gewöhnlichen Goldfisches mit den gleichen Merkmalen wie dieser wird heute als „Wakin" bezeichnet. Die Form ist besonders in USA bekannt. Ursprünglich ist Wakin die japanische Bezeichnung für den Goldfisch in seiner primitiven Form schlechthin.

2. **Shubunkin, Kaliko**
   (franz. Shubunkin;
   engl. Shubunkin, Calico-Goldfish)

Sehr oft wird der einfache Goldfisch fälschlich als Shubunkin bezeichnet. Der Name kam um 1900 in Japan für einen Goldfisch mit einer Vielzahl von Farben, aber ohne Formveränderungen auf. Eine besondere Farbenfreudigkeit war von manchen chinesischen Demekins, einer Form mit Augenabweichungen, bekannt. Es wurden also in Japan derartig vielfarbene Demekins mit Wakins gekreuzt. Die Demekins brachten schwarze Tüpfel auf zinnober- und violettfarbenem Grunde mit, von den Wakins wurden Tiere mit roten, weißen, bläulichen und schwarzen Flecken ausgewählt. Durch mehrfache Rückkreuzung entstand schließlich eine ganz neue Farbmischung, eben der Shubunkin. Die Kennzeichen des echten Shubunkin sind der gestreckte, seitlich zusammengedrückte Körper der Wildform, keine doppelten Flossen, meist aber eine vergrößerte Rückenflosse und eine tief eingeschnittene, lappenförmig vergrößerte Schwanzflosse, vor allen Dingen aber eine außerordentliche Farbmischung in der Körperfärbung gemischt mit durchsichtigen ungefärbten Schuppen. Die Grundfärbung soll ein Gemisch von Rot, Gelb, Blau und Violett sein in verschieden starker Verteilung mit kleinen Flekken von Schwarz, Weiß, Rot, Braun, Blau, Violett und Gelb. Die Intensivität der verschiedenen Farben kann schwanken. Von höchster Seltenheit sind die gelegentlich entstehenden fast einheitlich violetten Stücke.

3. **Der Komet-Goldfisch, Kometenschweif**
(franz. Goldfish-comète;
engl. Comet-Goldfisch)

Der Körper ist ohne Abweichung von der Gestalt des gewöhnlichen Goldfisches, die einfache Schwanzflosse ist dagegen sehr stark vergrößert. Bei dieser Schwanzflosse kommt es in der Bewertung darauf an, daß die Flossenstrahlen wenigstens bis zur Hälfte der Schwanz-

länge gerade verlaufen. Alle übrigen Flossen sind ebenfalls z.T. schleierförmig, verlängert.

4. **Der Schleierschwanz-Goldfisch, Watonai**
(franz. Goldfish-voile;
engl. Fantail-Goldfisch)

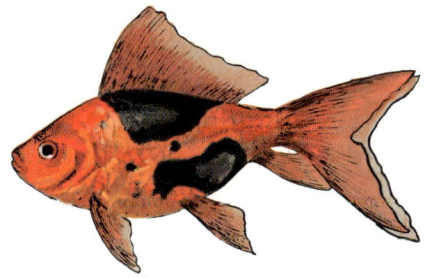

Der Körper hat die Gestalt des gewöhnlichen Goldfisches, aber Schwanz- und Afterflosse sind verdoppelt und geformt wie beim echten Schleierschwanz. Diese Form ist stets vollständig beschuppt. Es handelt sich um eine Zwischenform. Der Körper kann gegenüber dem gewöhnlichen Goldfisch etwas verkürzt sein, die Schwanzwurzel ist stark und gerade und nicht gebogen wie bei den meisten langschwänzigen Formen. Die Rückenflosse ist aufrecht, die Afterflosse doppelt. Die breite aber nicht sehr lange Schwanzflosse ist in der Länge in zwei getrennte Teile geteilt, die niemals herabhängen, sondern sich gerade nach hinten erstrecken und von denen jeder einzelne tief gegabelt ist. Die Schwanzflosse ist niemals länger als der Fisch selbst und fällt niemals schleierähnlich. Die Farben sind ähnlich ausgeprägt wie beim Schleierfisch.

Kometenschweif ▸

97

GRUPPE B
Die Körpergestalt und ebenso die Mehrzahl der Flossen sind immer verändert

1. **Die Nymphe**
   (franz. Comète á voile;
   engl. Nymph-Goldfish)

Die Nymphe ist eine dem Schleierschwanz sehr eng verwandte Form, sie ist auch in diesen Zuchten nicht selten, wird aber in USA aussortiert und besonders aufgezogen. Die Schwanzflosse ist bei stark verkürztem Körper einfach, aber stark und lang ausgebildet wie bei den Kometen. Größe und Färbung sind nicht einheitlich.

2. **Schleierschwanz, Ryukin**
   (franz. Queue de voile commune;
   engl. Fringetail-Goldfish)

◀ **Shubunkin**

Der Körper dieser beliebten Form ist kurz und fast kugelförmig, der Schwanz ist doppelt und mindestens so lang wir der Fischkörper selbst. Wertvoll wird der Fisch jedoch erst, wenn der Schwanz etwa die doppelte Länge des Körpers hat. Er bildet eine Masse, die sich wie der Faltenwurf eines leichten Stoffes in fließenden Wellen ergießt und auf dem Boden ausgebreitet einen weiten Kreis ergeben würde. Der äußerste Rand der Schwanzflossenhälften, die wenigstens zur Hälfte voneinander getrennt sein sollen, kann tief gegabelt (Schwalbenschwanz) oder aber nur leicht eingebuchtet sein. (Schleierschwanz oder Breitschwanz). Beim „Schwalbenschwanz" sollten die vier Enden (je zwei Schwanzhälften) völlig symmetrisch verlaufen, sie dürfen aber nicht spitz enden, sondern müssen leicht abgerundet sein. Tiere mit dreilappigem Schwanz, bei denen also die Hälften in der Mitte zusammenverwachsen sind und die außerdem keine ausgeprägten Spitzen zeigen, heißen "Fächer- oder Pfauenschwänze" (Jikin). Die Flossenstrahlen des Schwanzes dürfen nicht starr sondern müssen dünn biegsam sein, damit die schleierartige Beschaffenheit des Gebildes wirksam erscheint. Steht der Fisch still, muß der Schwanz lose herabhängen, bei jeder Bewegung aber in wellenförmige Bewegung geraten. Je länger die Brust- und Bauchflossen sind, und je höher die Rückenflosse ausgebildet ist, desto mehr steigt der Wert des Fisches. Ebenso muß die verlängerte Afterflosse doppelt ausgebildet sein. Die Länge, Form und Struktur der Flossen bestimmt bemerkenswert die Qualität des Fisches. So müssen die letzten Strahlen der Rückenflosse über die Basis der Schwanzflosse hinausreichen, die Brustflossen sollten die Bauchflossen, die Bauchflossen den Beginn der Afterflosse überragen und von den Schwanzhälften verhüllt sein. Ihre Länge sollte die halbe Länge der Schwanzflossen ausmachen. Der kurze Körper soll eine in hohem Bogen verlaufende Rückenlinie haben und der Schwanzstiel schwellend heraustreten.

Die japanische Bezeichnung Ryukin ist abgeleitet von den Ryu-Kyu oder Lu-Chu Inseln zwischen Taiwan und den japanischen Inseln. Sie mag auf den Weg der Einführung der Ursprungstiere aus China hinweisen. Auf jeden Fall hat gerade diese Form von Japan aus die Welt erobert.

Normalerweise ist der Schleierschwanz voll beschuppt, vollständig schuppenlose sind dagegen seltener. Die Färbung kann unterschiedlich sein, ein brillantes, leuchtendes Rot ist aber die eigentliche Farbe dieser Form, oft noch durch metallischen Glanz verschönt. Die schuppenlosen Fische können weiß oder rotscheckig mit blauer oder schwarzer Iris sein. Sehr selten treten bei diesen Fischen auch schwärzliche oder blaue Flecke am Körper auf. Sehr selten sind ebenfalls völlig schwarze Tiere, während graue wildfarbene gänzlich ausscheiden. Ausschlaggebend für die Bewertung sollte immer zuerst der Flossenbau, dann die Gestalt, die geschlossene oder gänzlich fehlende Beschuppung und eine leuchtend intensive, einheitliche Färbung sein.

3. Hochzuchtschleierschwanz
(franz. Queue de voile de haut évalage; engl. Veiltail, Broadtail)

Diese Form ist ein intensiv durchgezüchteter Schleierschwanz mit den im wesentlichen gleichen Merkmalen. Der außerordentlich stark und massig entwickelte Schwanz ist ganzrandig ohne jede Einbuchtung, das Flossenwerk fällt in regelmäßigen Falten, die Rückenflosse steht sehr aufrecht und ist weit nach vorn gerückt. Der Körper soll möglichst klein und zart erscheinen.

<table>
<tr><td>

GRUPPE C
**Der Körper ist gedrungen und ei-
förmig, die Flossen werden teil-
weise rückgebildet**

</td></tr>
</table>

1. Eierfisch, Maruko, Nankin
(franz. Poisson à œuf;
engl. Egg-Fish)

Der Körper dieser kleinen Form ist nahezu eiförmig, die Rückenflosse ist völlig
verschwunden. Diese Züchtung soll koreanischen Ursprungs sein und wird dort
Maruko oder Ranchiu bezeichnet. Diese
Form ist mittlerweile sehr selten, sie ist
abgeleitet vom Schleierschwanz-Gold-
fisch und hat wie dieser einen doppelten,
aber sehr kurzen Schwanz. Die Färbung
ist messingfarben, goldscheckig oder
weiß. Weiße Tiere (Nankin) gelten als besonders wertvoll. Die Rückenflosse darf
auch in Ansätzen nicht vorhanden sein,
vielmehr muß der Rücken voll beschuppt
sein. Die Augen sollten etwas größer im
Verhältnis zur Körperlänge sein als beim
Schleierschwanz.

2. Löwenkopf, Ranchu
(franz. Tête de Lion; engl.
Lionhead-Goldfish, Buffalohead)

In der Form des Löwenkopfes ist noch
mehr als im koreanischen Eierfisch die
chinesische Vorliebe für das Monströse,
abgewandelt zum Grotesken, zum Aus-
druck gebracht worden. Die Japaner haben diese Form übernommen, sie gilt
heute als die Perfektion züchterischen
Könnens. Die japanische Bezeichnung
ist Shishigashira oder auch Koreanischer
Goldfisch, was als Hinweis auf die fest-
ländische Herkunft gewertet werden
muß. Die Körpergestalt des Löwenkopfes ist fast kugelförmig, die äußere Be-
grenzung eines medianen Querschnittes
würde ein nahezu vollständiger Kreis
sein. Der Kopf ist kurz aber breit und völlig von warzenartigen Wucherungen
überdeckt, die einer übermäßigen Ver-
mehrung der Epithelzellen ihre Entste-

hung verdanken; es sind gutartige Tumore. Dieser Bildung verdankt die Form den Namen Löwenkopf.

Die Färbung der Löwenköpfe ist wieder sehr bemerkenswert. Einfarbige Tiere gibt es so gut wie überhaupt nicht, entweder sind Körper und Flossen rot, während der Kopf abweichend rot oder rosa, cremefarben oder weiß ist, oder aber der Körper ist weiß, Kopf und Flossen sind dagegen rot. Auch kommt eine weiße Färbung des Körpers mit Reihen von leuchtendroten Schuppen vor, dann ist der Kopf rosa. Schließlich können Körper und Flossen rot und weiß gescheckt sein.

Die Schwimmbewegungen des Löwenkopfes sind sehr unbeholfen, das Fehlen der Rückenflosse macht die Möglichkeit, das Gleichgewicht zu halten, schwierig. Die Schwanzflosse ist zwar doppelt, aber nur sehr klein, die unteren Hälften sind meist horizontal abgespreizt. Die Wucherungen, das typische Merkmal dieser Form, bilden sich etwa im zweiten Lebensjahr, um dann aber immer weiter zu wachsen.

Löwenköpfe sind in der Haltung schwierig, sie sind besonders anfällig. Gegenwärtig sind auch in USA schöne vollendete Löwenköpfe kaum noch erhältlich. Auch in Japan scheinen sie nicht mehr leicht zu finden zu sein. Es hat Zeiten gegeben, wo vollendete Löwenköpfe mit der zwanzigfachen Menge ihres Gewichtes in Gold bezahlt wurden.

Drei prächtige „Löwenköpfe"

> **GRUPPE D**
> **Kombination von B und C**

1. Holländischer Löwenkopf, Oranda
(franz. Oranda;
engl. Dutch Lionhead Goldfish)

Durch Kreuzungen von Löwenköpfen mit Schleierschwänzen entstand etwa 1840 in Japan ein bemerkenswert schöner Fisch, der Oranda Shishigashira oder Holländischer Löwenkopf.

Mit Holland hat dieses Tier nicht die geringste Verbindung. Der Name ist durch die damals in Japan übliche Methode zu verstehen, alles was neu oder seltsam ist, als holländisch zu bezeichnen. Im Oranda sind die Eigenschaften beider Eltern entwickelt.

Vom Schleierschwanz kommt die Körperform und die Beflossung, die die gleichen Extrembildungen wie bei diesem erreichen kann und soll, vom Löwenkopf die Wucherungen auf dem Kopf, die hier oft münzenartig beschaffen sein können und die schönen Farbzusammenstellungen, besonders beliebt sind die „Rotkäppchen".

Manche Tiere werden beachtenswert groß. Wird nun der Oranda wieder mit dem Löwenkopf gekreuzt, dann entsteht eine weitere Abart, der Skukin oder Schleierschwanz-Löwenkopf. Bei dieser Form sind die Charaktere des Löwenkopfes gewahrt: Körperform, fehlende Rückenflosse, Löwenkopfwucherungen, aber alle vorhandenen Flossen sind voll entwickelt und lang wie beim Schleierschwanz. Auch diese Form ist sehr selten im Gegensatz zum Oranda, der ein sehr beliebter Fisch geworden ist.

2. Gänsekopf, Höckerkopf, Drachenrotmütze, Tigerkopf
(franz. Têtes coiffées, Têtes de Tigre; engl. Bouquet, Tiger-head)

Diese meist chinesischen Züchtungen müssen dem Oranda-Typ zugerechnet werden. Flossenabweichungen sind nicht vorhanden, nur der gegabelte Schleierschwanz ist oft recht klein entwickelt. Augen und Beschuppung sind normal. Ausgezeichnet sind diese Zuchtformen durch auffallend entwickelte, bukettartige Gewebswucherungen auf dem Kopf. Es sind bisher goldene, gelbe, cremefarbene und hellbraune Fische bekannt.

Rotkappen Orananda ▸

104

GRUPPE E
Körper, Flossen und Augen abgewandelt

1. Chinesischer Teleskop, Demekin
(franz. Télescope chinois;
engl. Chinese-Telescope-Goldfish)

Die Form des Körpers und die Ausbildung der Flossen sind mit geringen Abweichungen wie beim Schleierschwanz. Das Charakteristikum aller Teleskop-Schleierschwänze ist die Vergrößerung und Verlängerung des Augapfels in der optischen Achse, mit dem Ergebnis, daß die Augen entweder seitlich oder nach vorn über die Kopfumrisse hinausragen. Der Grad der Vergrößerungen ebenso wie die Form der Augen sind dabei sehr variabel. Wie schon erwähnt, entwickeln sich diese Augen relativ spät. Etwa mit drei bis sechs Monaten zeigen sich erste Anzeichen, nach zwei bis drei Jahren erst ist die Bildung fast abgeschlossen. Nicht selten ist nur ein Auge teleskopisch, das andere dagegen normal.

Die Augenumbildung ist bei den Teleskop mit sämtlichen Eigenschaften der Schleierschwänze vereinigt. Es müssen

also neben den Augen die Gestalt, die Beschuppung, die Beflossung und die Färbung gewertet werden.

Der Körper soll kurz und abgerundet sein, die Rückenpartie relativ breit, der Kopf sei kurz, die großen Augen greifen auf die Schnauzenpartie über oder ragen sogar vorn über diese hinaus. Die Flossen sollten bei dieser Form nicht übermäßig groß sein, die Rückenflosse ausgenommen. Der Schwanz muß doppelt sein, sollte aber nicht hängen.

Die Farbe ist rot oder weiß oder beides; von höchstem Wert sind aber die Formen, die weitere Farben in unregelmäßigen Flecken, Schatten und Punkten haben, die Demekins.

Alle diese Fische mit den vergrößerten Augen, wie sie im folgenden noch beschrieben werden, sind hochgradig kurzsichtig. In extremen Fällen sind sie wohl nur noch in der Lage, hell und dunkel zu unterscheiden. Die Folge davon ist, daß sie leicht gegen feste Gegenstände anstoßen und sich die empfindlichen Augen verletzen, meist mit der Folge völliger Erblindung. Aquarien ohne Steine mit weichen Pflanzen, die nicht zu dicht stehen dürfen, dürfen am geeignetsten für die Haltung sein.

2. Schleierschwanz-Teleskop
(franz. Queue de voile-télescope;
engl. Veiltail or Broadtail Telescope-Goldfish)

In Kombination mit den prächtigen Hochzuchtschleierschwänzen wurde nun auch ein entsprechender Teleskop gezüchtet. Dieser Fisch ist im wesentlichen eine amerikanische Züchtung. In ihm

sollten nun alle Möglichkeiten des „Hochgezüchteten Schleierschwanzes" mit denen des chinesischen Demekin oder Teleskop vereinigt werden. Das besondere Ziel waren Tiere mit vollendeter Beflossung, gutem Körperbau, gleichmäßig großen Augen, Schuppenlosigkeit und Shubunkin-Färbung, hier wird besonders auf viel Blau Wert gelegt.

3. **Schwarzer Teleskop**
(franz. Télescope noir;
engl. Veiltail Moor Telescope-Goldfish, Black Telescope-eye)

Die vollendete Züchtung unter diesen Formen ist der Schwarze Teleskop. Körperbau, Beflossung und alle anderen Merkmale sind wie bei der vorbeschriebenen Form, nur ist dieser Fisch von einem tiefen samtartigen Schwarzbraun, das bis auf die bläulich-graue oder goldene Bauchmitte Körper, Flossen und Augen bedeckt. Oft liegt ein leichter Bronzeschimmer auf den Flossen. In rei-

nen Zuchten soll die schwarze Färbung konstant sein, aber es zeigt sich, daß eine ganze Anzahl dunkler Jungfische sich später auf Gold umfärben.

Die beste Nachzucht sollen als Elterntiere ein tiefrotes mit einem einwandfrei schwarzen Tier liefern. Alle schwarzen Teleskop sind vollständig beschuppt.

Bemerkenswert ist, daß diese völlige Schwarzfärbung stets mit Teleskop-Augen gekoppelt ist. Es gelang bisher nicht, irgendeine andere rein schwarze Form zu erzielen.

4. **Himmelsgucker, Chotengan**
(franz. Lorgnette de ciel;
engl. Celestial Telescope Goldfish)

Der Himmelsgucker ist wieder eine typisch chinesische Schöpfung. Bei dieser kurzen, gedrungenen Form mit vollbeschupptem Körper, kurzem Kopf mit stark verkürzter Schnauze, ohne Rückenflosse, kurzem Doppelschwanz, bei dem

107

wie beim Löwenkopf die unteren Loben horizontal gespreizt werden, sind die zunächst in der optischen Achse verlängerten Augen des Teleskop-Fisches entwickelt. Die Umbildung der Augen bis zu einem Winkel um 90° zur Körperachse erfolgt im ersten Lebensjahr.

Die Zucht dieser Form ist sehr schwierig, da bei den meisten Nachzuchttieren keine Umbildung der Augen erfolgt.

Diese Form galt früher als sehr selten und war kaum im Handel. Als Hauptfärbung war Goldrot angegeben. In neuerer Zeit kamen aus China mehrfach größere Mengen dieses Fisches, die recht klein blieben und eine messinggelb schimmernde, graue Färbung hatten. Bei der Nachzucht zeigten sich die gleichen Mißerfolge wie früher.

5. **Blasenauge, Suihogan**
(franz. Têtes à flotteurs,
engl. Bubble-eye)

Das Blasenauge gleicht völlig in Gestalt und Beflossung dem Himmelsgucker, auch ihm fehlt die Rückenflosse, aber die Augenbildung ist ganz anders. Die Augen des Blasenauges sind nicht verlängert und normal seitwärts gerichtet, jedoch befindet sich unter dem Auge ein flüssigkeitsgefülltes sackartiges Gebilde.

Diese Augenbildung hat bei oberflächlicher Betrachtung Ähnlichkeit mit der der Himmelsgucker, ist aber anatomisch doch ganz anders.

6. **Drachenauge**
(franz. Yeux de Dragon;
engl. Dragon-eye)

Das Drachenauge wird häufiger in verschiedenen Farbformen aus China angeboten. Alle Flossen sind am vollbeschuppten, eiförmigen Körper vorhanden. Die Augen können fast als eine Vorstufe zur Teleskopentwicklung angesehen werden. Sie sind stark entwickelt und treten knopfartig hervor.

Es kommen verschiedene Färbungen vor. Es ist zweifelhaft, ob hier überhaupt eine gewollte Zuchtlinie vorliegt.

Blasenauge ◗

GRUPPE **F**
Veränderungen sonstiger Körperteile

---

1. **Japanisches Nasenbukett,
Chinesische Wollmütze**
(franz. Pompons, engl. Pompon)

Diese seltenen Formen sind dem Oranda oder dem Löwenkopf ähnlich. Ausgezeichnet sind sie durch die stark vergrößerte, kugelige Nasenlochfalte. Bei den chinesischen Wollmützen fehlen wie bei den Löwenköpfen die Rückenflossen, auch sind bei ihnen die Nasenscheidewände abnorm groß, sie gleichen kugeligen Knäulchen von Wollfäden. Beschrieben wurden bisher Blaue Wollkugeln, auch Samtbälle genannt, und Rote Wollkugeln.

2. **Perlschupper, Chunshuyui**
(franz. Les Perlés; engl. Pearl-scale)

Alle Flossen sind vorhanden, Schwanz und Afterflosse doppelt. Die Schuppen aus dem eiförmigen Rumpf sind stark vorgewölbt und dunkel gerandet, sie können wie kleine Muschelschalen aussehen

aber auch rund wie Perlen sein. Bei Verlust wird nur eine einfache Schuppe ersetzt. Gold und orange sind die bekanntesten Farben.

3. **Umgewendeter Kiemendeckel**
(franz. Les Ouïs retroussées;
engl. Curled Gill)

Voll und normal beschuppt. Die Rückenflosse fehlt, bei manchen Mischtypen ist sie jedoch wohl ausgebildet, sonst dem Eierfisch sehr ähnlich. Der Innenteil der hinteren Kiemendeckel ist nach außen gewendet, dadurch sind die Kiemenblättchen sichtbar. Diese Form ist ausgesprochen selten.

DER JAPANISCHE ZIERKARPFEN (KOI)

Über die Entstehungsgeschichte der Haltung des Koi

Geschichte und Bedeutung

Die Bedeutung des Zier- bzw. Farbkarpfens in Japan gleicht der des Goldfisches in China. Auch wenn Japan heutzutage zu den wichtigsten Ländern für Goldfisch-Zucht gehört, ist der Koi das volkstümlichste Haustier. Seine Popularität ist deshalb so groß, weil er den idealen Besatz für die berühmten japanischen Wassergärten darstellt.

Im Englischen auch als „Fancy-Carp" bezeichnet heißt der Zierkarpfen im Japanischen "Nishikigoi", „Higoi" oder „Irogoi". Über den heutzutage weltweit gebräuchlichen Namen „Koi" existieren mehrere Deutungen. Zum einen entstand „Koi" als Kurzform der eigentlichen japanischen Namen, andere jedoch behaupten „Koi" bedeute eigentlich „Liebe". Nun ist der Karpfen zwar kein Liebessymbol, aber man verschenkt diese bunten, bei den Japanern in hoher Gunst stehenden Fische als Liebesbeweis an gute Freunde wie bei uns Blumen.

Eine Legende besagt, daß um 530 v. Chr. der Sohn des Konfuzius einen Fisch mit dem Namen „Koi" bekam.

Der Stammvater des Zierkarpfens ist der Karpfen *Cyprinus carpio* Linné, 1758. Das Verbreitungsgebiet des Karpfens erstreckt sich heute über ganz Asien, weite Teile Afrikas und Nordamerikas sowie Europa mit Ausnahme des hohen Nordens. Ursprünglich gab es wahrscheinlich vier Unterarten – eine europäische in den Zuflüssen des Schwarzen Meeres, eine mittelasiatische, die chinesische und die vietnamesische – die sich vor allem in der Schuppenformel und der Anzahl der Wirbel unterscheiden. Aus welcher Unterart die heute bekannten Koi-Rassen entstanden sind, ist nicht ganz sicher geklärt, allerdings dürften bereits vor ca. 2500 Jahren Karpfen und Zierkarpfen in Japan aus Liebhaberei in Teichen gehalten worden sein.

Bereits um etwa 300 v. Chr. werden in japanischen Schriften fünf verschiedenfarbige Karpfenrassen genannt.

Erst ab etwa 1000 n. Chr. beginnt die planmäßige Zucht wenn auch erst weniger, meist einfarbiger Koi-Rassen. Ihre Entstehung ist in Japan ursprünglich auf den Distrikt Yamakoshi im nördlichen Teil von Mittel-Honshu beschränkt. Hier, in klimatisch eigentlich gar nicht günstiger Lage – die winterlichen Schneehöhen können 7 m erreichen – wurden die ersten beständigen Farb-Varietäten gezüchtet. Es wird berichtet, daß die wertvollen Fische im Winter innerhalb der Häuser gepflegt wurden und mit liebevollen Namen versehen im ganzen Dorf und der näheren Umgebung bekannt waren.

Wie die Goldfischhaltung in China gehörte die Haltung von Koi auch in Japan zunächst zu den Vorrechten des Adelsstandes. Gegen Ende des 16. Jahrhunderts in der Azuchi-Momoyama-Ära setzte sich die Koi-Haltung aus Liebhaberei in allen Bevölkerungsschichten durch. Nach wie vor blieb die Anzahl der verschiedenen Farbformen jedoch verhältnismäßig klein.

Seit etwa 1820 wurden vor allen in der Stadt Ojiya in der Provinz Niigata erste gezielte Zuchtversuche durchgeführt. Erst zu Beginn dieses Jahrhunderts wurden die Zuchtmethoden jedoch vervollkommnet und die Ausgangsbasis für die phantastischen Farbkompositionen geschaffen, die heute weltweit Gartenteichbesitzer und Liebhaber begeistern.

Japanisches Lob des Higoi

Man berichtet auch heute in unserer technisierten Zeit fast mit Verzückung über diese Fische. So heißt es z. B. in einem Händlerangebot: „Ein Süßwasserfisch als Dein Liebling, farbleuchtend und liebenswürdig! Sein Körper ist entweder einfarbig, mischfarben, gefleckt oder abgestuft getönt mit Purpur, Weiß, Dunkelheit, Gold und so fort. Es gibt Tausende von Variationen, aber jedes einzelne Tier ist deutlich gefärbt und sticht erstaunlich in die Augen. Noch eindringlicher sind ihre lustigen, lebhaften und dabei rhythmischen Bewegungen. Hin und her schwimmen sie den lieben langen Tag, mit Gewandtheit ihre durchsichtigen, kleinen, fächerartigen Brustflossen bewegend, mit ihren klugen, runden Augen und ihren vollbackigen, großen Mäulern. Betrachte sie bei hellem Licht! Jede plötzliche Bewegung und jede Drehung, die sie machen, wirft leuchtende Strahlen, die Schönheit ist dann mehr als beschrieben werden kann. Bei einem Wetterwechsel siehst Du sie vielleicht in einem weichen Dämmerlicht und Du hältst den Atem an oder seufzt tief auch vor diesen wunderbar sich verdunkelnden Farben, die sich jeden Augenblick ändern. Es ist keine Übertreibung, aber diese wirklich ästhetischen Werte können wir nicht in Worte fassen, am besten Du besiehst sie Dir selbst und sie werden Dir neue Lebensfreude geben."

Und es gibt in Japan sogar noch einen besinnlichen Dichter der Koi. Eigentlich ist Dr. Takeo Kuroki ein bekannter und vielbeschäftigter Chirurg, aber seine Freizeit gehört den Koi. Sie sind seine Erholung vom Streß seines Berufes, und so wurde er einer der größten Fachleute auf diesem Gebiet. Täglich, wenn die Unrast des Tages ihm ein Weilchen Zeit läßt, meditiert er vor seinem wundervollen Teich mit den besinnlichen bunten Fischen und

Japanischer Koi-Teich

dort mögen ihm dann auch die poetischen Worte kommen:

„Grüne Schatten lassen Tiefe ahnen, kleine Wellen kräuseln die Oberfläche, unter ihnen der Schimmer der Koi."

Wer fand bei uns im Westen jemals solche Worte für den Neonfisch, ohne sich lächerlich zu machen?

Es ist eine alte Sitte in Japan, am 5. Mai, dem Fest der Knaben, große Karpfen aus Papier und Seide an Flaggenmasten zu hissen, um für die Söhne Erfolg im Leben zu beschwören. Seit altchinesischen Zeiten schon gilt der Karpfen als ein königlicher Glücksbringer.

Der Karpfen und Zierkarpfen in Europa

Im Gegensatz zu Japan wurde der Karpfen in Europa in früheren Zeiten ausschließlich als Nutztier gezüchtet, wobei nicht die Farbe sondern weniger Schuppen und Gräten im Vordergrund standen.

Die Domestikation des wildlebenden Schuppenkarpfens begann in Europa vor etwa 1000 Jahren und hat zur Ausbildung des Spiegelkarpfens mit einigen übergroßen Schuppen und schuppenlosen Lederkarpfens geführt.

In Europa, vor allem aber in Deutschland, waren Farbkarpfen nur sehr selten zu sehen. Vielleicht erhielt ein Ostasien-Kaufmann sie einmal als Geschenk japanischer Freunde und wußte nichts damit anzufangen. Er setzte sie dann in seinen Gartenteich, wenn er einen hatte, oder gab sie an einen zoologischen Garten, wo sie auch nur ausnahmsweise Beachtung fanden.

In Deutschland wurden Koi erst nach dem Zweiten Weltkrieg regelmäßig angeboten.

Der Aufstieg zu einem der beliebtesten Ziefische begann erst in den letzten Jahren, seit sich die Zahl der Gartenteich-Besitzer ständig vergrößert. In England und den USA erfreut sich der Koi allerdings schon seit längerer Zeit großer Beliebtheit.

Haltung der Koi

Der große Nachteil dieser farbschönen Karpfen, der ihrer Haltung Grenzen setzt, ist die Größe, die sie gleich der Stammform schnell erreichen. Sie sind eben keine Pfleglinge für das Zimmeraquarium, sondern nur für Gartenteiche oder Teiche in Wintergärten geeignet.

Der Teich darf nicht zu klein sein, denn die Fische, die mit 10 bis 20 cm in den Handel kommen, werden bei guter Pflege schon bald wesentlich größer. Obwohl Koi winterhart und gegen niedrige Temperaturen wesentlich unempfindlicher als die meisten Goldfisch-Rassen sind, ist bei der Anlage eines Koi-Teiches folgendes zu bedenken. Der Zierkarpfen ist wie seine wildlebenden Verwandten ein Fisch, der sehr gerne in tieferen Wasserschichten schwimmt und im Boden gründelt. Das bedeutet jedoch, daß die Fische in tiefen, winterfesten Teichen oft nicht zu sehen sind. Als Kompromiß sollte der Teich wie auch in Japan nur etwa 50 – 80 cm Wassertiefe besitzen und die Fische im Haus in großen Aquarien überwintert bzw. der Teich im Winter beheizt werden. Ist dies nicht möglich, sollten bei der Teichanlage Flachzonen eingebaut wer-

den, an die die Fische durch die Fütterung an dieser Stelle gewöhnt werden.

Die Fütterung der Koi entspricht im wesentlichen der der Goldfische und anderer Kaltwasserfischarten. Geeignet sind fast alle Lebendfutter, allerdings sollte man darauf achten, daß diese nicht aus belasteten oder fischbesetzten Gewässern stammen, da die Gefahr einer Krankheits-Einschleppung zu groß ist. Besonders geeignet sind natürlich auch die im Zoo-Fachhandel erhältlichen Marken-Futter, z. B. aus der TetraPond-Serie. Gewarnt sei aber vor sogenannten Billigfuttern, denen oft wichtige Nahrungsbestandteile, Vitamine oder Spurenelemente fehlen und zu Mangelerkrankungen und verblaßten Farben führen können. Füttern Sie nur soviel, wie die Fische innerhalb kürzester Zeit aufnehmen. Wenn Sie sich Zeit nehmen, immer an derselben Stelle füttern und dabei hastige Bewegungen vermeiden, können Koi sehr schnell zahm werden und fressen aus der Hand.

Vermeiden Sie aber in jedem Fall eine Überfütterung, die schnell zur Verfettung führt. Bei Temperaturen unter 8°C darf nicht mehr gefüttert werden, da das Futter im Darm nicht mehr richtig aufgeschlossen werden kann.

Im übrigen gelten dieselben Bedingungen für eine erfolgreiche Koi-Haltung wie bei allen anderen Teich- oder Aquarienfischen auch. Sorgen Sie für eine optimale Wasserqualität und vermeiden Sie einen Überbesatz. Eine Quarantäne-Haltung vor dem Umsetzen in den Gartenteich läßt Krankheitsprobleme meist erst gar nicht aufkommen.

Ein Hinweis noch, der die Bepflanzung betrifft: Koi sind wie alle Karpfen starke Wühler und vergreifen sich auch gerne an zarten Pflanzen. Geeignete Pflanzen müssen also gut verankert werden.

Die Koi-Zuchtformen

Der Wert der einzelnen Tiere ist stark von der Färbung abhängig und kann mehrere Tausend Mark betragen. Bei den gefleckten Formen kommt es z. B. auf die Größe und Verteilung der Farbflecke an, auch ist die Grundfarbe wichtig. Danach richten sich auch ihre oft poetischen, phantasievollen Namen, bei denen man etwa drei Gruppen unterscheiden kann.

1. Benennung nach den vorhandenen Farben.

2. Namen nach irgendwelchen Teilen der Natur wie Bäumen, Blumen, Tieren, dem Himmel oder den Bergen.

3. Bezeichnungen nach dem Ort oder der Provinz der Entstehung der Züchtung, auch nach der Entstehungszeit (unter welcher Dynastie z. B.).

Alle diese Namen können wiederum kombiniert sein.

Kompliziert wird die ganze Namensgebung dadurch, daß ständig neue Züchtungen hinzukommen und mittlerweile ein und dieselbe Variante unter mehreren Namen bekannt ist.

Bevor die wichtigsten und häufigsten oder besonders interessante Formen vorgestellt werden, sei noch darauf hingewiesen, daß diese Bezeichnungen eigentlich nur für den typischen Koi aus japanischer Zucht oder ursprünglich japanischen Zuchtstämmen gelten. Im Zoo-Fachhandel werden sehr häufig Tiere angeboten, die kurz mit „europäische Zuchtform" beschrieben werden. Es handelt sich dabei meist um Koi, die in Deutschland, Südeuropa oder auch in Israel gezüchtet wurden und hochrückiger und auch anders geschuppt sind als Koi aus japanischen Zuchtstämmen. Diese Fische sind weder weniger schön oder interessant noch ungeeigneter oder anfälliger für die Haltung im Gartenteich und zudem meist etwas preisgünstiger. Sie entsprechen aber nicht ganz den international anerkannten „Schönheitsidealen" der japanischen Koi und unterliegen auch nicht unbedingt deren Namensgebung.

Zierkarpfen aus europäischer Zucht

Bezeichnungen für Koi

Die folgende Auflistung der gebräuchlichsten Einzelbenennung erleichtert das Verständnis der zusammengesetzten Namen. Zu beachten ist, daß bei den einfachsten Bezeichnungen, die sich aus der Farbe ergeben, mehrere Begriffe vorkommen können. So stehen für rot die Namen „Aka", „Beni" und „Hi", mit „Hi" werden jedoch nur rote Flecken (auf einem anders gefärbten Fisch), mit „Aka" und „Beni" vollkommen rot gefärbte Fische bezeichnet. Mit „Karasu" werden schwarze Tiere, mit „Sumi" nur schwarze Flecken benannt.

Aka	rot
Beni	orangerot
Bekko	schildpatt (bei zweifarbigen Koi)
Cha	braun
Doitsu	deutsch (große Schuppen entlang der Rücken- und Seitenlinie)
Gin	silbermetallic
Goi	Koi
Hi	rot (nur Flecken)
Kabuto	Mütze oder Helm (Kopf anders als Körper gefärbt)
Karasu	schwarz
Ki	gelb
Kin	goldmetallic
Kohaku	rotweiße Fische (weiß als Grundfarbe)
Kuchibeni	rotlippig
Matsuba	Pinienzapfenmuster
Muji	einfarbig („nichts anderes")
Nezu	grau
O(h)gon	einfarbig metallic
Orenji	orange

Parrachina	platinfarben
Sanke	dreifarbiger Fisch mit rot, schwarz und weiß
Sanshoku	wie Sanke
Shiro	weiß
Showa	Rasse seit 1926
Shusui	Herbsthimmel, alte Rasse seit 1868
Sumi	schwarz (nur Flecken)
Taisho	Rasse von 1912 – 1926
Tancho	ein Vogel mit roter Federhaube
Utsuri	reflektierend, samtschwarz
Yamabuki	japanischer Busch mit mattgelben Blüten

Einfarbige Rassen

Die einfarbigen Koi gehören zu den ursprünglichen Rassen, können aber auch durch Rückkreuzungen aus mehrfarbigen Koi entstehen. Sehr häufige oder wertvolle Formen sind:

Ohgon

Benigoi	Koi mit einheitlich roter Färbung
Chagoi	brauner, lederfarbener Koi, selten

Gin Matsuba	platinfarbener Koi mit Pinienzapfen-Musterung der Schuppen
Karasu Goi	schwarzer Koi
Kigoi	gelb gefärbter Koi
Akame Kigoi	gelb mit roten Augen
Kin Matsuba	goldfarbener Koi mit Pinienzapfen-Musterung durch bräunliche Schuppen, wird auch Matsuba Ohgon genannt
Orenji Ohgon	orange gefärbter Koi mit metallischen Glanz
Shiro Ohgon	platinfarbener Koi, auch als Parrachina (reinweiß-metallic) bezeichnet
Shiro Muji	weißer Koi, wird weniger geschätzt

Zweifarbige Rassen

Zu den zweifarbigen Koi gehört die wichtigste Stammbaumlinie der Kohaku, weiße Fische mit roten Mustern, die erstmals 1899 gezüchtet wurden. Zu den Kohaku gehören z. B.:

(Hi) Kohaku	weißer Koi mit tiefroten, scharf abgesetzten Flecken
Inazuma Kohaku	rotes Zickzackmuster vom Kopf bis zum Schwanz
Kuchibeni Kohaku	Kohaku mit roten Lippen
Sandan Kohaku	die rote Zeichnung ist dreistufig

Kohaku-Koi

Kohaku-Koi (rot-weiß)

Asagi-Koi (rot-blau)

Shirobekko

Kohaku-Koi (rot-weiß)

Shusui ←

Shiro-Utsuri ←

Tancho Ko-haku — weißer Körper mit kreisförmiger roter Zeichnung am Kopf, rote Mütze

Zu den zweifarbigen Koi, die eine schwarze Zeichnung oder Färbung aufweisen, gehören viele „Bekko"- und „Utsuri"-Formen. Die direkte Bezeichnung für schwarz, z. B. „Sumi", wird meist nicht gesondert aufgeführt:

Aka Bekko — roter Körper mit schwarzen Sprenkeln

Ki Bekko — gelb gefärbter Fisch mit schwarzer Fleckung

Shiro Bekko — weiß gefärbter Fisch, der nur am Körper schwarze Flecken aufweisen darf

Shiro-Utsuri

Die „Utsuri"-Formen entsprechen den „Bekko"-Formen wirken jedoch insgesamt stärker marmoriert.

Koi, die eine blaue Färbung aufweisen, werden mit „Asagi" und „Shusui" bezeichnet:

Asagi	Körper hellblau mit rotem Hinterleib, Kopfseiten und Flossenansätzen; Unterseite des Hinterleibs weiß; Pinienzapfen-Musterung
Shusui	Kopf hellblau, Körper dunkler; hellrote Färbung am Kopf, Hinterleib und Flossenansätzen; Doitsu-Beschuppung

Eine große Formen-Gruppe unter den zweifarbigen Koi bilden die metallic-farbenen Fische. Im folgenden werden einige wichtige Grundformen aufgeführt, besondere Farbschläge werden durch die entsprechenden Namenszusätze bezeichnet:

Kinsui/ Ginsui	metallicfarbene Shusui (siehe oben)
Hariwake	vorwiegend silberner Koi mit Gold-Musterung, viele Farbvarianten
Kujaku	metallic-gelber oder orange- und platinfarbener Fisch mit Pinienzapfen-Musterung

Kujaku-Ogon-Koi

Ginshiro · schwarz und silber-
platinfarbener hellglän-
zender Koi, auch bekannt
als Kinshiro Utsuri

Kinginrin · Die Kinginrin-Form
bezeichnet perlmuttartig
schillernde Schuppen mit
silberner oder goldener
Färbung

Dreifarbige Rassen

Dreifarbige Koi sind allgemein unter
dem Namen „Sanskoku" oder „Sanke"
bekannt. Die beiden Hauptgruppen werden als „Taisho Sanke" und „Showa
Sanke" bezeichnet.

Die Farben sind rot, schwarz und weiß,
sobald Blautöne (als Überzug oder
Sprenkel) in den Schuppen bzw. Flecken
(meist die roten Hi-Muster) auftreten,
wird die Bezeichnung „Koromo" hinzu-
gefügt. Sehr wichtige Formen sind:

Taisho Sanke · weißer Körper mit roten
(Hi) und schwarzen
(sumi) Flecken

Tancho Sanke · einzelner roter Fleck am
Kopf, Körper weiß mit
schwarzen Flecken

Showa Sanke · Körper schwarz mit roten
und weißen Flecken, die
Musterung unterliegt
bestimmten Regeln

Bei der Kreuzung der mehrfarbigen
Formen treten öfter auch vier- oder fünffarbige Farbschläge auf. Die berühmteste
Rasse ist dabei der fünffarbige „Gos-
hiki", der als Farben rot, weiß, schwarz,
blau und dunkelblau aufweist.

Kin Ki Utsuri-Koi

Sanke-Koi
(schwarz-weiß-rot)

Sanke-Koi
(schwarz-weiß-rot)

Sanke-Koi
(schwarz-weiß-rot)

Pflege und Haltung beliebter Kaltwasserfische

Wissenschaftlicher Name (Gattung, Art) Deutscher Name	Aquariumhaltung	Teichhaltung	Vergesellschaftung	Temperatur im Aquarium	Empfindlich gegen hohe Temperatur	Sauerstoffbedarf	Größe der ausgewachsenen Tiere in cm	Mindestlänge des Aquariums in cm
Alburnoides bipunctatus Schneider, Alandblecke	■	G W	F	10–20	+	↑	15	100
Leucaspius delineatus Moderlieschen	G	G W	F	15–22	–	↑ ↓	8–10	80
Gobio gobio Gründling	G	G W	F	18–22	○	↑	12–20	80
Leuciscus idus Aland, Orfe	G	G W	F	10–22	○	↑ ↓	15–30 (80)	100
Misgurnus fossilis Schlammpeitzger	■	G W	F	15–20	○	↓	10–30	80
Neomacheilus barbatulus Bachschmerle, Schmerle	■	G W	F	16–18	+	↑	10–16	100
Phoxinus phoxinus Elritze	G	G W	F	10–20	○	↑	15	80
Rhodeus sericeus amarus Bitterling	G	G W	F	18–22	–	↑ ↓	5–18	60
Rutilus rutilus Plötze, Rotauge	G	G W	F	10–22	–	↓	15–35	100
Scardinius erythrophthalmus Rotfeder	G	G W	F	10–22	–	↓	15–35	100
Tinca tinca Schleie	G	G W	F	18–22	–	↓	20–30 (60)	100
Gasterosteus aculeatus Dreistacheliger Stichling	A	A W	L	15–20	○	↑ ↓	5–9	60
Pungitius pungitius Zwergstichling	A	A W	L	15–20	–	↑ ↓	5–7	60

Europäische Kaltwasserfische

Pflege und Haltung beliebter Kaltwasserfische

	Wissenschaftlicher Name (Gattung, Art) Deutscher Name	Aquariumhaltung	Teichhaltung	Vergesellschaftung	Temperatur im Aquarium	Empfindlich gegen hohe Temperatur	Sauerstoffbedarf	Größe der ausgewachsenen Tiere in cm	Mindestlänge des Aquariums in cm
Nordamerikanische Kaltwasserfische	Centrarchus macropterus / Pfauenaugenbarsch	■	Ⓐ●	L, R	15–22	○	↑	12–16	80
	Elassoma evergladei / Zwerg-, Schwarzbarsch	■	Ⓐ●	F	10–30	—	↑ ↓	3,5	40
	Enncacanthus chactodon / Scheibenbarsch	■	Ⓐ●	L, R	15–22	—	↑	5–10	80
	Enneacanthus obesus / Diamantbarsch	■	Ⓐ●	L, R	15–22	○	↑	8–10	80
	Ictalurus nebulosus / Zwerg-, Katzenwels	Ⓐ	ⒶⓌ	L, R	10–30	—	↓	25–40	200
	Lepomis auritus u. a. / Sonnenbarsche	Ⓐ	ⒶⓌ	L, R	10–22	○	↑	10–20	80
	Umbra pygmaea / Amerikanischer Hundsfisch	Ⓖ	Ⓖ●	L	15–22	○	↓	10–15	80
Asiatische Kaltwasserfische	Carassius auratus / Goldfisch	Ⓖ	ⒼⓌ	F	10–25	—	↑ ↓	10–20 (40)	80
	Carassius auratus / Goldfisch-Zuchtformen	■	Ⓐ●	F	18–22	—	↑ ↓	10–20	80
	Cyprinus carpio / Zierkarpfen, „Koi"	Ⓖ	ⒼⓌ	F	10–22	—	↑ ↓	20–50 (120)	100
	Hypophthalmichthys molitrix / Silberkarpfen	Ⓖ	ⒼⓌ	F	18–24	○	↑ ↓	20–60 (100)	100
	Tanichthys albonubes / Kardinalfisch	Ⓖ	Ⓐ●	F	15–24	—	↑ ↓	4	40
	Zacco platypus / Drachenfisch	■	ⒶⓌ	R	15–20	○	↑ ↓	15–18	80

131

Erläuterungen zur Übersicht

Die Tabelle liefert eine Übersicht über die Pflege- und Haltungsansprüche beliebter Kaltwasserfische in Aquarien und Gartenteichen. Selbstverständlich sollten allen Fischen, auch den weniger empfindlichen Arten, immer optimale Wasserqualitäten und bestes Futter geboten werden. Besetzen Sie das Aquarium bzw. den Gartenteich entsprechend dem zur Verfügung stehenden Wasser-Volumen und der Größe der Fische. Beachten Sie, daß einige der im Fachhandel angebotenen Fische oft sehr schnell größer werden und kleiner bleibende Arten verdrängen können. Die meisten amerikanischen Kaltwasserfische und die einheimischen Stichlinge sind besonders zur Laichzeit revierbildend und unverträglich und können in Gesellschaftsaquarien und kleineren Teichen für empfindliche Fischarten eine Beeinträchtigung darstellen. Beachten Sie, daß die Haltung einiger Fischarten im Aquarium (z. B. bedingt durch das geringere Wasservolumen) einen größeren Pflegeaufwand erfordert als im Teich (leistungsfähige Filter, häufiger Wasserwechsel, Fütterung usw.).

Aquarienhaltung – Teichhaltung

G G Ausdauernde und unempfindliche Art, die keine speziellen Anforderungen an die Wasserbeschaffenheit stellt. Für eine Vergesellschaftung mit anderen Arten geeignet, wenn die Größenunterschiede nicht zu groß sind (vgl. Vergesellschaftung).

A A Ausdauernde und unempfindliche Art, die keine speziellen Anforderungen an die Wasserbeschaffenheit stellt. Für eine Vergesellschaftung mit anderen Arten nur bedingt geeignet (vgl. Vergesellschaftung).

■ Die Fischart stellt besondere Ansprüche an Wasserbeschaffenheit, Fütterung und allgemeine Haltungsbedingungen und sollte nur von erfahreneren Aquarianern gepflegt werden. Einige der aufgeführten Arten sind für Gesellschaftsaquarien nur bedingt geeignet (vgl. Vergesellschaftung).

● Die Fische sollten im Aquarium bei Temperaturen von 10 – 18° überwintert werden.

W Überwinterung in großen und tiefen, winterfesten Teichen möglich.

Vergesellschaftung

F Friedlich, Vergesellschaftung mit anderen Fischarten möglich, wenn die Größenunterschiede nicht zu stark sind.

L Vergesellschaftung mit anderen robusten Fischarten (bedingt) möglich, da die Tiere zur Laichzeit aggressiv und revierbildend werden.

R Raubfisch, Vergesellschaftung mit anderen, robusten Fischarten nur bedingt möglich, wenn die Größenunterschiede nicht zu groß sind.

**Empfindlich
gegen hohe Temperaturen**

— unempfindlich gegen Temperaturen über 22° C

O Fischart verträgt kurzfristig höhere Temperaturen bis 24° C

+ empfindlich gegen Temperaturen über 20° C

Sauerstoffbedarf

↑ Fischart mit erhöhtem Sauerstoffbedarf, für gute Durchlüftung sorgen.

↑↓ Fischart mit normalem Sauerstoffbedarf, (tageszeitbedingte) Schwankungen des Sauerstoffgehaltes werden gut vertragen.

↓ Fischart mit geringerem Sauerstoffbedarf, bedingt durch die natürliche Lebensweise auch in stehenden Gewässern, z. T. mit akzessorischer Atmung.

Fütterung

Die Fische im Gartenteich sollen mehrmals täglich in kleinen Portionen gefüttert werden: Jungfische ca. 3 – 4 mal, ausgewachsene Fische ca. zweimal. Wichtig ist immer an der gleichen Stelle und – wenn möglich – zur gleichen Zeit zu füttern. Es wird stets nur soviel Futter gegeben, wie die Fische innerhalb kurzer Zeit fressen. Zusätzlich finden sie noch in begrenzten Mengen Lebendfutter, wie Insektenlarven, Algen, z. T. auch Daphnien (Wasserflöhe). Auch in größeren Teichen

finden die Fische nur für ein paar Tage ausreichend Nahrung. Man füttert ab einer Wassertemperatur von 10° C zu (ca. März, April). Ab September werden die Futtergaben seltener gereicht und unter einer Wassertemperatur von 10° C (ca. Oktober) wird die Fütterung ganz eingestellt. Die Fische nehmen jetzt kaum noch Nahrung zu sich.

Allgemeine Fütterungshinweise
Verwenden Sie immer besonders viel Sorgfalt bei der Fütterung. Bei hohen Temperaturen benötigen die Fische mehr und bei niedrigen Temperaturen weniger Futter. Wegen der größeren Körpermasse benötigen die meisten Kaltwasserfische mehr Futter als die wesentlich kleiner bleibenden Arten im Warmwasseraquarium. Achten Sie aber von Anfang an darauf, daß Sie Ihre Pfleglinge nicht überfüttern. Oberste Voraussetzung bei der Verabreichung jeglichen Futters ist, daß jeweils nur so viel in den Gartenteich bzw. in das Aquarium gegeben wird, wie die Tiere innerhalb von wenigen Minuten verzehren (Trockenfutter). Sie sollen Ihre Fische nicht mästen, aber wenn sie längere Zeit nur geringe Futtermengen bekommen kann das zu Abmagerung oder evtl. Krankheiten durch Mangelerscheinungen führen.

Bei ausreichender Fütterung ist ein Fastentag pro Woche von Vorteil. Ihre Fische nehmen es auch nicht übel, wenn sie einmal ein Wochenende ohne Nahrung auskommen müssen.

Kaltwasserfische bringen keine Versorgungsprobleme im Urlaub mit sich, denn sie sind im Aquarium leicht mit einem Futterautomaten zu ernähren, sofern sie Trockenfutter annehmen, oder aber man

133

hat sie ohnehin im Gartenteich. Wenn dann einmal während des Urlaubs nicht zugefüttert wird, werden die Fische auch mit Algen und Insektennahrung auskommen.

Je nach Lebensweise und natürlichem Vorkommensgebiet sind die Nahrungsansprüche und Freßgewohnheiten der Kaltwasserfische unterschiedlich. Besonders die Karpfenartigen sind Allesfresser und nehmen sowohl pflanzliche als auch tierische Nahrung zu sich. Die nordamerikanischen Barsche sind zum Teil Lebendfutterfresser. Sofern sie Flockenfutter annehmen, sollte man ihnen im Aquarium TetraMin (Großflocken!) anbieten, denn diese Nahrung besteht im wesentlichen aus tierischen Nährstoffträgern.

Die relative Anspruchslosigkeit des Goldfisches führte dazu, daß er jahrzehntelang kümmerlich mit Brotresten, Haferflocken, Garnelenschrot, billigem Waffelbruch und dem sog. japanischen Fischkuchen ernährt wurde. Der Goldfisch ist so genügsam, daß er bei dieser Ernährungsweise zwar kümmerlich am Leben bleibt, aber zu einem gesunden Wachstum oder gar zu einer Bereitschaft zur Zucht kommt es dabei nicht. Wenn Sie also Tierliebhaber sind, verzichten Sie auf diese billigen behelfsmäßigen Futtermittel und greifen Sie zu den Futtern, die von Wissenschaftlern speziell für Kaltwasserfische entwickelt wurden. Ihre Fische werden es Ihnen durch Gesundheit und langes Leben danken.

Futter für das Aquarium
Tetra AniMin.
Dieses Hauptfutter für Goldfische und alle karpfenähnlichen Kaltwasserfische im Aquarium ist seit Jahren ein Quali-tätsbegriff für hervorragende Nahrung. Ein ausgewogener Vitamingehalt und alle wichtigen Spurenelemente neben einem hohen Nährwert bei gleichzeitig jedoch geringerem Eiweißgehalt und einem hohen Gehalt an Kohlehydraten zeichnen dieses Futter aus. AniMin enthält die Stoffe, die Kaltwasserfische zum gesunden Wachstum brauchen. Es erhält und steigert die Abwehrkräfte aller Zierfische im Kaltwasser-Aquarium.

Durch den hohen Vitamingehalt wird die Laichbereitschaft der Fische im Frühjahr angeregt. AniMin ist auf Grund seiner wertvollen Zusammensetzung und Trübungsfreiheit das geeignete Futter für die genannten Fischarten im Aquarium. Für alle vom Boden fressenden Fische (z. B. Schmerlen) ist Tetra TabiMin die praktische Tablettennahrung. Im Aquarium sinken die Tabletten sofort zu Boden und bieten dort eine vorzügliche Nahrungsquelle.

Tetra Goldfisch-Sticks
sind ein schwimmfähiges Alleinfutter in Stickform für Goldfische und alle anderen Kaltwasserfische ab 7 cm Körperlänge in Aquarien. Die ausgewogene Ernährung mit qualitativ hochwertigen Inhaltsstoffen entspricht den Nahrungsansprüchen der Kaltwasserfische. Dadurch wird das Wachstum, die Vitalität und das Wohlbefinden der Fische gezielt gefördert. Zusätzlich erhalten und intensivieren natürliche Farbverstärker in den Futtersticks die Farbenpracht der Fische.

Futter für den Gartenteich
Die TetraPond Futtersorten für Goldfische, Kois und einheimische Wildfische im natürlichen Gartenbiotop sind wurm-

Kois balgen sich bei der Fütterung um Tetra Sticks

förmige Sticks. Ihre schwimmfähige Darreichungsform garantiert eine gezielte
und artgerechte Fütterung. Die Sticks
saugen sich langsam mit Wasser voll, werden vom Wind nicht verweht und versinken nicht nutzlos im Bodengrund. Es tritt
keine Wasserbelastung auf. Die Tetra-
Pond Futtersorten enthalten in ausgewogener Rezeptur Proteine, Fette, Kohlenhydrate, Ballaststoffe sowie wertvolle
Vitamine und Mineralstoffe.

TetraPond Teichfutter

ist das ideale Alleinfutter und wird von
allen Fischen im Gartenteich als natürliche und optimale Nahrungsform akzep-
tiert. Die schwimmfähigen Futtersticks
enthalten in einem ausgewogenen Verhältnis alle Nährstoffe, die Teichfische benötigen und gut verdauen.

TetraPond Teichfutter Plus

enthält eine ausbalancierte und biologisch hochwertige Eiweißkonzentration
für das Wachstum, die Gesundheit und
Vitalität der Fische. Die natürliche, bril-
liante Farbenpracht der Teichfische wird
durch dieses vollwertige Hauptfutter zusätzlich gefördert.

TetraPond DoroFin

enthält alle von Teichfischen benötigten
Nährstoffe in besonders leicht verdauli-
cher Form. Sein Anteil an wertvollen tierischen und pflanzlichen Proteinen sowie
lebensnotwendigen Vitaminen und Spurenelemente macht es zu einem ausge-

135

sprochenen Kraftfutter. Gartenteich-fische werden deshalb zum Aufbau von Reserven und zur Erhöhung der Widerstandskraft vor Winterbeginn und nach Beendigung der Winterruhe sowie vor der Laichperiode mit diesen Futtersticks gefüttert.

Lebendfutter
Die Verfütterung von Lebendfutter im Aquarium bringt Gefahren mit sich. Man kann sich Fischkrankheiten einschleppen. Insbesondere Tubifex und Mückenlarven können Fischkrankheitserreger übertragen. Deshalb ist Lebendfutter aus Gewässern die keine Fische enthalten, zu bevorzugen.

Bei jeglicher Verfütterung von Lebendfutter achte man darauf, daß Abwechselung in den Speiseplan gebracht wird, sonst kommt es infolge Mangelerscheinungen schon nach wenigen Wochen zu Krankheiten bei den Fischen.

Die wichtigsten Lebendfutter sind: Daphnien (Wasserflöhe), besitzen einen nur sehr geringen Nährwert und sind deshalb nur als Notbehelfsfutter für einige Tage zu betrachten.

Für Fische bis 6 cm, insbesondere für Jungfische, kann man Artemia-Eier im Zoohandel erwerben und diese in einer 1%igen Kochsalzlösung in einer Weinflasche mit Hilfe von Luftpumpe und einem Kulturgerät zum Schlüpfen bringen. Die kleinen Artemia-Krebschen sind die bevorzugte Nahrung aller kleinen Fische; sie werden in aller Welt in Zierfischzüchtereien gebraucht. Artemia sind krankheitserregerfrei. Derjenige Liebhaber, der Nachzuchten von Kaltwasserfischen erfolgreich aufziehen will, bedient sich dieses Lebendfutters.

Die roten Mückenlarven der nicht stechenden Zuckmücke stehen besonders ab Ende des Sommers bis in den Winter zur Verfügung. In vielen Zoohandlungen kann man rote Mückenlarven auch in tiefgeforener Form erwerben. Die Gefahr der Krankheitsübertragung ist bei gefrorenen Larven wesentlich geringer als bei lebenden. Gefrorene Futter müssen äußerst sparsam gefüttert werden, da der nicht gefressene Teil im Wasser schnell verdirbt.

Schwarze Mückenlarven stehen vom Frühjahr bis zum Herbst in vielen stehenden Gewässern zur Verfügung. Aus ihnen schlüpfen nach einer kurzen Verpuppungszeit die Stechmücken. Man achte also darauf, daß stets nur so viel schwarze Mückenlarven gefüttert werden, wie die Fische sicher auffressen, sonst hat man alsbald die Stechmücken im Zimmer.

Tubifex (Bach-Röhrenwürmer) leben im Schlamm sauerstoffarmer, aber nährstoffreicher Gewässer und auch in Industrieabwässern. Tubifex sollten nur als Notbehelf verfüttert werden, denn sie sind sehr eiweißreich, graben sich in den Bodengrund ein und verwesen dort schnell. Häufig mit Tubifex gefütterte Fische bekommen schnell eine verfettete Leber.

Bei Fütterung von Regenwürmern sind besonders die roten Laubwürmer für größere Fische ab etwa 10 cm Länge eine gute Eiweißnahrung. Die Beschaffung ist allerdings schwierig und nicht dauernd gesichert. Manche Barscharten kann man anstelle von Regenwürmern im Notfalle auch mit gehackten Herz- oder Leberstückchen füttern.

Seitenzahlen in Fettdruck weisen auf Abbildungen hin, Seitenzahlen in Normalschrift auf Textbeiträge.

BILDNACHWEIS

Aqua Bilderdienst	62 u
Baensch, Hans A.	41, 48, 57 u
Bauer	53 u
BHB Helfrich	42 u
Brünner	45, 47 (3), 50, 51 u, 52 (2), 53 u, 55 (4), 56 (4), 57 u
Frickhinger	39, 40, 43 (2), 44, 57 o
Hansen	68 o
Kahl	21, 22/23, 24/25, 59, 61 u, 62, 63 o, 66, 67, 73, 88/89, 94/95, 94, 113, 116/117, 126/127
Kasselbeer	63 u, 65 u
Komei	80 o, 81
Matsuda	70 u
v. d. Nieuwenhuizen	60 (2), 61 o, 62 o, 64 o, 65 m, o, 68 u, 69 o, u, 74 o
Norman	70 o
Reinhard	29 u, 42 o
Schmettkamp	69 m
Schwammberger	28
Stehling	37, 52/53
Tetra-Archiv	Titel, 8, 11, 12 (2), 13 (2), 14, 15, 16, 17, 19, 20, 26, 27, 30, 32, 35, 36, 71, 74 u, 75, 76, 77, 79, 81 u, 82, 83, 84, 85, 91 (2), 98, 103, 104, 109, 111, 119, 120–125, 128/129
Wieser	30/31, 33, 34 (5), 49, 135, 4. U.S.
Wischnath	29 o, 42 m
Zukal	51 o, 67 o

Die naturgerechte Fütterung für Goldfische

Eines haben alle Kaltwasser-Fische gemeinsam: Sie haben Hunger. Nun kann man sie im Aquarium nicht gut mit Lebendfutter versorgen, wie sie es sich in der Natur holen. Die Gefahr des Einschleppens von Krankheiten wäre viel zu groß. Neben dem bewährten Flockenfutter Tetra AniMin gibt es heute von Tetra ein Futter in Stick-Form, speziell für Goldfische und andere Kaltwasser-Fische.

Tetra AniMin, wie alle Tetra-Flockenfutter, trübt auch dieses nicht das Wasser und sinkt nur langsam ab, so daß es von den Fischen leicht aufgenommen werden kann.

Tetra AniMin ist gut verdaulich. Deshalb sind diese Futterflocken die richtige Nahrung für Kaltwasserfische im Aquarium.

In Form und Größe ähneln die Tetra Goldfisch Sticks jenen Happen, nach denen die etwas größeren Fische gewohnt sind, zu schnappen. Weil die Sticks schwimmen und sich nicht auflösen, trüben sie auch das Aquarium-Wasser nicht.

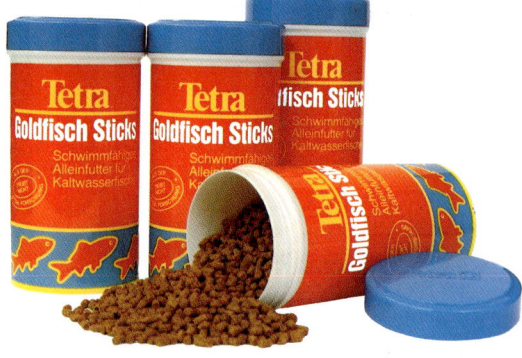

Tetra AniMin und Tetra Goldfisch Sticks, die richtige Goldfisch-Ernährung, erhalten und steigern die Abwehrkräfte aller Zierfische im Kaltwasser-Aquarium. Sie enthalten alle lebensnotwendigen Nähr- und Aufbaustoffe sowie wichtige Vitamine und Spurenelemente im ausgewogenen Verhältnis. Vitalität und Farbenpracht der Fische können damit gesichert werden.

Tetra AquaSafe

**Unentbehrlich bei Neueinrichtung
und bei jedem Wasserwechsel.**

**Tetra AquaSafe macht aus Leitungswasser
biologisch unbedenkliches
Aquariumwasser, in dem sich Zierfische
wohlfühlen.**

Tetra AquaSafe bindet giftige Schwermetalle
dauerhaft und sicher, neutralisiert aggressives Chlor und schützt vor allen schleimhautreizenden Einflüssen, wie zum Beispiel
raschen pH-Wert-Schwankungen oder plötzlichen Änderungen der chemischen Bedingungen im Aquarium (Wasserwechsel).
Denn Tetra AquaSafe ummantelt durch einen
fühlbaren Schleimhautschutz die empfindlichen Kiemen und Schleimhäute wirksam
mit organischen Kolloiden (Ein wichtiger
Vorteil: Tetra AquaSafe bindet nicht das für
Wasserpflanzen wichtige Eisen im Pflanzendünger, sondern unterstützt sogar dessen Wirkung!).

Spurenanalyse mit polarographischer Methode:

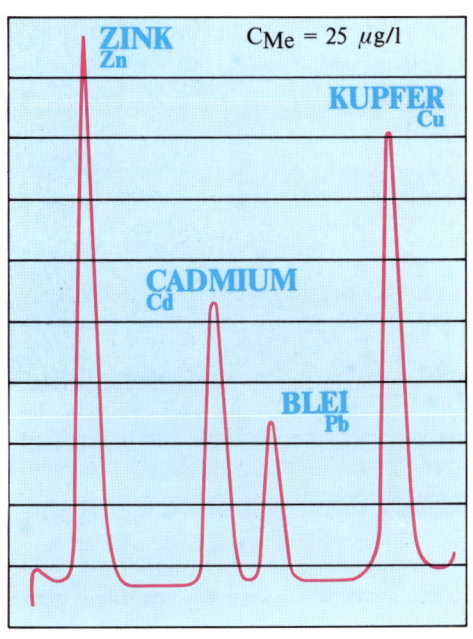

In der linken Tabelle zeigen die Meßwerte den
hohen, für Zierfische gefährlichen Anteil von
Zink, Cadmium, Blei und Kupfer in einem typischen, frischen Leitungswasser.

**Bereits Sekunden nach Zugabe einer Normaldosierung Tetra AquaSafe haben sich
die Werte auf einen biologisch unbedenklichen Grad reduziert.**

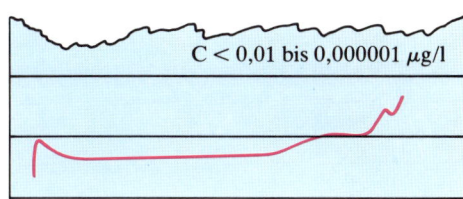

Teich-Futter:

Die TetraPond Futtersorten sind wurmförmige Sticks und ihre bewährte, schwimmfähige Darreichungsform garantiert eine gezielte, artengerechte Fütterung.

Die Sticks saugen sich nur langsam mit Wasser voll, so daß sie nicht verweht werden und nicht nutzlos im Bodengrund versinken. Es tritt keine Wasserbelastung auf. Die TetraPond Futtersorten enthalten in ausgewogener Rezeptur Eiweiße, Fette Kohlenhydrate, Ballast- und Mineralstoffe sowie wertvolle Vitamine und Spurenelemente.

TetraPond DoroFin

Das Futterkonzentrat für alle Kaltwasserfische.

TetraPond DoroFin. Das ausgesprochene Kraftfutter baut Futterreserven auf und erhöht die Widerstandsfähigkeit aller Gartenteichfische, besonders vor Winterbeginn und nach Beendigung der Winterpause

TetraPond Teichfutter

Das ideale Alleinfutter für alle Zierfische im Gartenteich.

Alles, was die Teichfische benötigen und gut verdauen, ist durch eine ausgewogene Rezeptur in den schwimmfähigen Futtersticks enthalten.

TetraPond Teichfutter *plus*

Hohe Eiweißkonzentration plus brillante Farbenpracht für Ihre Teichfische.

Das neuentwickelte, vollwertige Hauptfutter TetraPond Teichfutter *plus* enthält eine ausbalancierte und biologisch hochwertige Eiweißkonzentration für das Wachstum der wertvollen Fische. Die natürliche, brillante Farbenpracht Ihrer Teichfische wird zusätzlich gefördert.

Mit den TetraPond Futtersorten gehen Sie sicher, daß die Teichfische all das bekommen, was sie brauchen.

Ein gepflegter Gartenteich ist ein schöner Gartenteich. Das TetraPond-System bietet Ihnen alles, was Sie dazu brauchen: Heilmittel für Fische, biologische Wasseraufbereitung, Pflanzendüngung, Algenvernichtung und Geräte zur Teich-Wartung. TetraPond Heil- und Pflege-mittel in 250- und 500-ml-Abfüllung.

TetraPond PlantaFin

Bodengrund-Dünger
für alle Wasserpflanzen
im Gartenteich.
TetraPond PlantaFin bietet allen Wasserpflanzen eine ausgewogene Nähr-stoff-Kombination und wirkt als wertvoller Humusbildner. Die neuartigen „Pellets" soll-ten deshalb bei der Gartenteich-Einrichtung jeder Art von Bodengrund zugegeben wer-den. Der Packungsinhalt reicht für 7,5 m^2 und 15 m^2 Bodenfläche!

TetraPond FerroFin

Eisen-Komplex-Dünger für Wasserpflanzen im Gartenteich.
Dieser Flüssigdünger aus wertvollen Spuren-elementen wie Eisen und Mangan sowie le-bensnotwendigen Makronährstoffen kann von den Pflanzen leicht aufgenommen wer-den. Er sorgt für ein den Wasserpflanzen idea-les Nährstoff-Klima. Das Ergebnis ist präch-tiger sattgrüner Wuchs. Der Packungsinhalt reicht für 5.000 und 10.000 Liter Wasser!

TetraPond AlgoFin

Algenvernichtung im Gartenteich.
Durch Algenwuchs wird das Aussehen des Gartenteiches und oft auch das biologische Gleich-gewicht empfindlich gestört. Mit TetraPond AlgoFin können Sie diese unangenehme Verbreitung schnell und mühelos bekämpfen bzw. gar nicht erst aufkommen lassen. Der Packungsinhalt reicht für 5.000 und 10.000 Liter Wasser!

TetraPond AquaFin

Wasseraufbereitung im Gartenteich.
TetraPond AquaFin macht aus Frischwasser ökologisch freundliches und naturnahes Gar-tenteichwasser, in dem sich Zierfische und alle anderen Organismen wohlfühlen. Denn TetraPond AquaFin ummantelt schützend die Schleimhäute mit organischen Kolloiden. Der Packungsinhalt reicht für 5.000 und 10.000 Liter Wasser.

TetraPond BioFin

Wasserklärung im Gartenteich

TetraPond BioFin enthält enzymatische Wirkstoffe, die das Wasser entgiften und den Abbau von Schadstoffen beschleunigen. TetraPond BioFin beseitigt Wassertrübungen, befreit das Wasser von unangenehmen Geruchsstoffen und sorgt so für klares, reines Wasser im Gartenteich. Der Packungsinhalt reicht für 5.000 und 10.000 Liter Wasser.

TetraPond DesaFin

Heilmittel gegen Zierfischkrankheiten im Gartenteich.

TetraPond DesaFin basiert auf einer hochaktiven Wirkstoffkombination, die eine breitbandige Behandlung verschiedenster Fischkrankheiten und biologischer Wassertrübung gewährleistet. Um das Einschleppen von Fischkrankheiten zu verhindern, empfehlen wir die vorbeugende Anwendung von TetraPond DesaFin. Der Packungsinhalt reicht für 5.000 und 10.000 Liter Wasser.

TetraPond Brillant G

Gartenteichfilter

mit Spezial-Schaumstoffpatrone.

Der TetraPond-Gartenteichfilter Brillant G bringt Sauberkeit und Gesundheit für den Teich. Denn er wirkt zweifach: Erstens werden organische Schadstoffe durch bioaktive Bakterien in den Poren des Spezial-Schaumstoffes abgebaut, und zweitens werden Schmutzpartikel mechanisch abgefiltert.

So sorgt der TetraPond Brillant G durch eine mechanische und biologische Filterung für kristallklares Wasser.

TetraPond Luftpumpe G 500

Regelbare Luftpumpe zum Betrieb des TetraPond Brillant G und zur Sauerstoffanreicherung von Gartenteichen.

Sie betreibt den Gartenteichfilter, reichert über diesen das Wasser mit Sauerstoff an und trägt damit zum biologischen Gleichgewicht im Gartenteich bei.

TetraPond Schaumstoffpatrone

Ersatzpatrone für den TetraPond Gartenteichfilter Brillant G.

Für die optimale mechanische und biologische Filterung, Sie braucht nur alle ein bis zwei Jahre erneuert zu werden.